Impressum
Verlag: BABADADA GmbH, Nedderfeld 112 , 22529 Hamburg
Geschäftsführer / Verlagsleitung: Harald Hof
Druck: Books on Demand GmbH, In de Tarpen 42, 22848 Norderstedt

Imprint
Publisher: BABADADA GmbH, Nedderfeld 112 , 22529 Hamburg, Germany
Managing Director / Publishing direction: Harald Hof
Print: Books on Demand GmbH, In de Tarpen 42, 22848 Norderstedt, Germany

ቤት-ትምህርቲ

școală

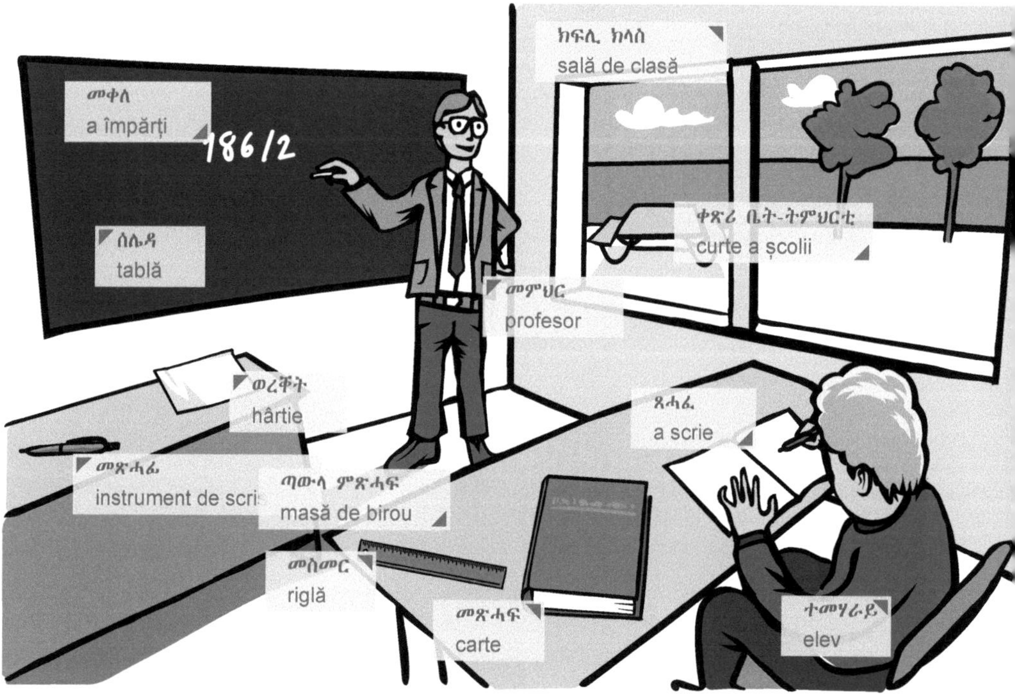

ክፍሊ ክላስ
sală de clasă
መቀለ
a împărți
186/2
ሰሌዳ
tablă
ቀጽሪ ቤት-ትምህርቲ
curte a școlii
መምህር
profesor
ወረቐት
hârtie
ጸሓፈ
a scrie
መጽሓፊ
instrument de scri
ጣውላ ምጽሓፍ
masă de birou
መስመር
riglă
መጽሓፍ
carte
ተመሃራይ
elev

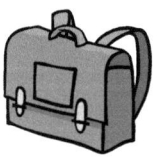

ሳንጣ ትምህርቲ

ghiozdan

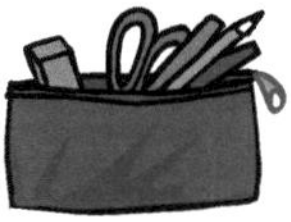

ሰፈር ብርዒ

penar

ርሳስ

creion

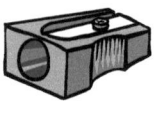

መብልሒ ርሳስ

ascuțitoare

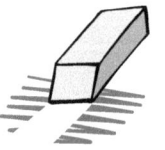

መደምሰሲ

radieră

ጥራዝ ስእሊ

bloc de desen

ስእሊ

desen

ብርዒ ቀለም

pensulă

ቦክስ ቀለም

cutie de acuarele

መቐስ

foarfece

መጣበቒ

lipici

ጥራዝ መላመዲ

caiet de exerciții

ዕዮ ገዛ

temă

12

ቁጽሪ

număr

2+2

ወሰኽ

a aduna

5-2

ጎደለ

a scădea

2×2

ረብሓ

a multiplica

ደመረ

a calcula

A

ፊደል

literă

ABCDEFG HIJKLMN OPQRSTU VWXYZ

ስርዓት ፊደላት

alfabet

hello

ቃል

cuvânt

ጽሑፍ

text

አንበበ

a citi

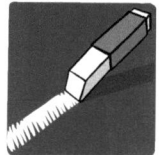

ኩርሽ

cretă

ሰዓት

oră

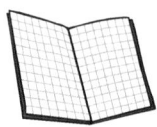

መዝገብ ክላስ

catalog

መርመራ

examen

ሰርቲፊከት

certificat

ድቢዛ ቤት-ትምህርቲ

uniformă școlară

ትምህርቲ

educație

ለክሲኮን

enciclopedie

ዩኒቨርሲቲ

universitate

ሚክሮስኮፕ

microscop

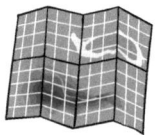

ካርታ

hartă

ጎሓፍ ወረቐት

coș de gunoi

መገሻ
călătorie

መቐበሊ ኣጋይሽ
hotel
Grand
ሆስተል
hostel
ROOMS
ቦታ ቅያር ገንዘብ
casă de schimb valutar
CHANGE
ባሊጃ
valiză
መኪና
autovehicul

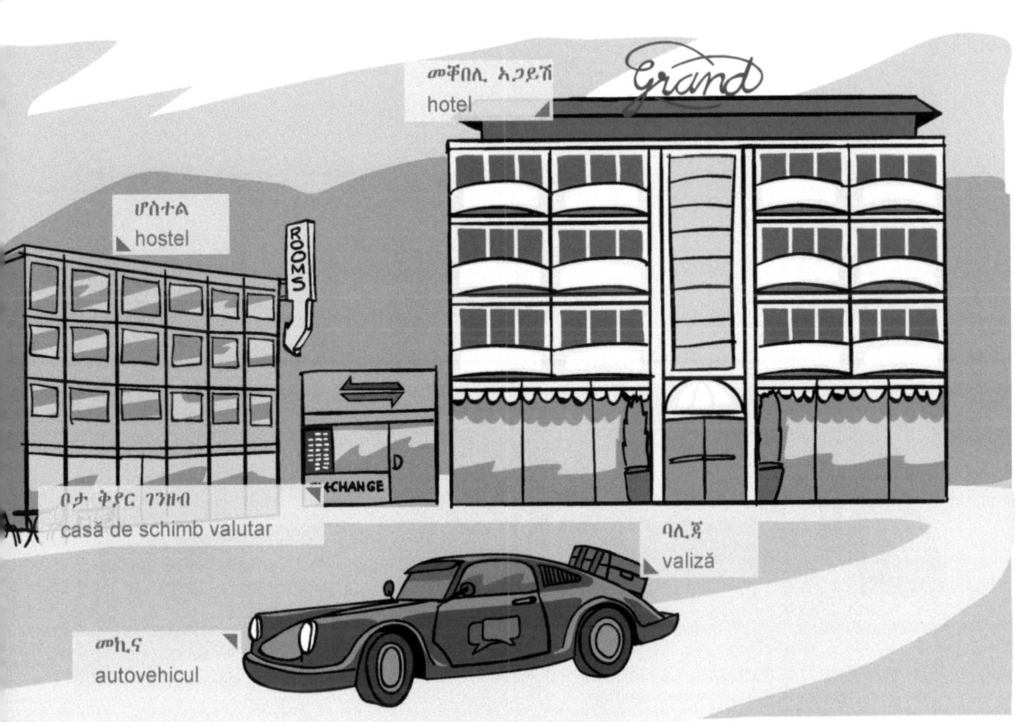

ቋንቋ

limbă

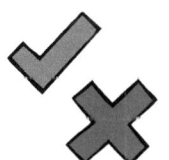

እወ / ኖ

da/nu

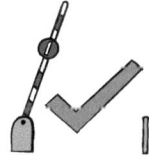

ሕራይ

okay

ሰላም

Bună!

ኣስተርጓሚ

interpret

የቐንየለይ

mulțumesc

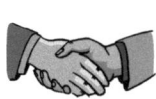

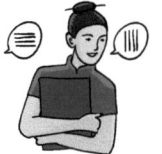

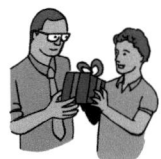

. . . ክንደይ ዋግኡ?
....
Cât costă...?

አይተረድአኹን
....
Nu înţeleg

ሽግር
....
problemă

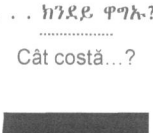

ሰላም ምሸት!
....
Bună seara!

ከመይ ሓዲርካ
....
Bună dimineaţa!

ሰላም ለይቲ
....
Noapte bună!

ደሓን ኩን
....
la revedere

አንፈት
....
direcţie

ጉዓዝ
....
bagaj

ሳንጣ
....
geantă

ሳንጣ ሕቖ
....
rucsac

ጋሻ
....
oaspete

ክፍሊ
....
cameră

ክሻ መደቆሲ
....
sac de dormit

ቴንዳ
....
cort

ሓበሬታ በጻሕቲ ሃገር
....
nct de informare turistică

ገምገም ባሕሪ
....
plajă

ክሬዲት ካርድ
....
carte de credit

ቁርሲ
....
mic dejun

ምሳሕ
....
masa de prânz

ድራር
....
cină

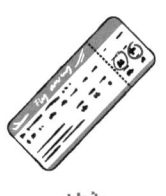

ቲከት
....
bilet de călătorie

ሊፍት
....
lift

ማሕተም ደብዳበ
....
timbru poştal

ዶብ
....
graniţă

ድንና
....
vamă

ኣምባሲ
....
ambasadă

ቪዛ
....
viză

ፓስፖርት
....
paşaport

መጓዓዝያ

transport

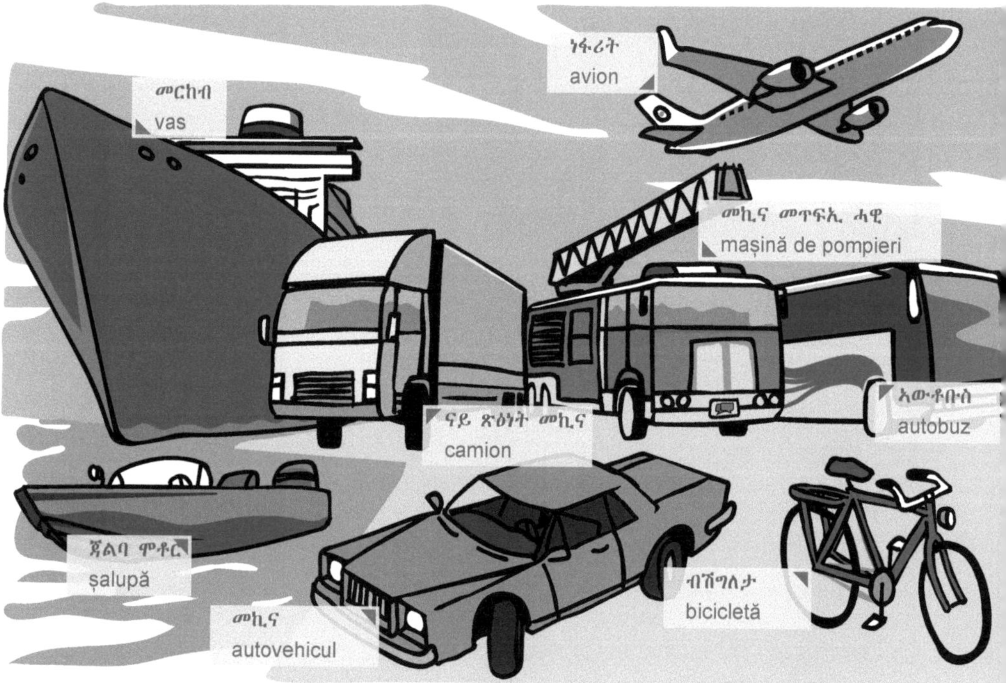
መርከብ
vas
ነፋሪት
avion
መኪና መጥፍኢ ሓዊ
mașină de pompieri
ናይ ጽዕነት መኪና
camion
ኣውቶቡስ
autobuz
ጃልባ ሞቶር
șalupă
መኪና
autovehicul
ብሽግለታ
bicicletă

ፈሪ

feribot

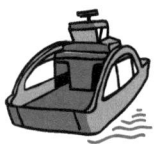

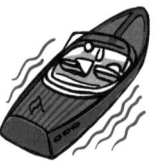

ጃልባ

barcă

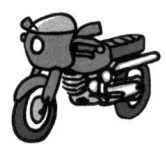

ሞቶ

motocicletă

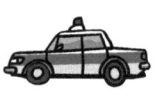

መኪና ፖሊስ

mașină de poliție

መኪና ቅድድም

mașină de curse

ክራይ መኪና

mașină închiriată

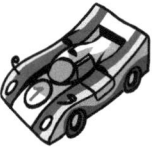

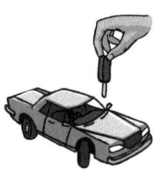

ም*ውፋይ መካይን
car sharing

መወሰዲ መኪና
maşină de tractat

መኪና ጎሓፍ
maşină de gunoi

ሞቶC
motor

ነዳዪ
combustibil

እንዳ ነዳዪ
benzinărie

ምልክት ትራፊክ
semn de circulaţie

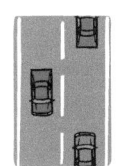

ትራፊክ
trafic

ምጭቅጫቅ ትራፊክ
ambuteiaj

መዐሸጊ መኪና
parcare

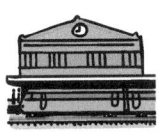

መዕረፊ ባቡር
gară

ሓዲግ
şine

ባቡር
tren

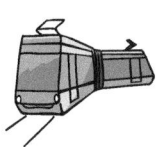

ትረም
tramvai

ባጎኒ
vagon

ሄሊኮፕተር
....
elicopter

መዓረፈ ነፈርቲ
....
aeroport

ታወር
....
turn

ተጓዓዚ
....
pasager

ኮንተይነር
....
container

ሳንዱቅ ካርቶን
....
carton

ኮርሳ ጽዕነት
....
căruţă

ዘንቢል
....
coş

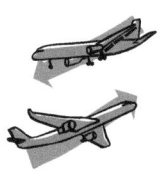

ተበገሰ / ዓለበ
....
a decola/a ateriza

ቀሻት
....
sat

ማእከል ከተማ
....
centru

ገዛ
....
casă

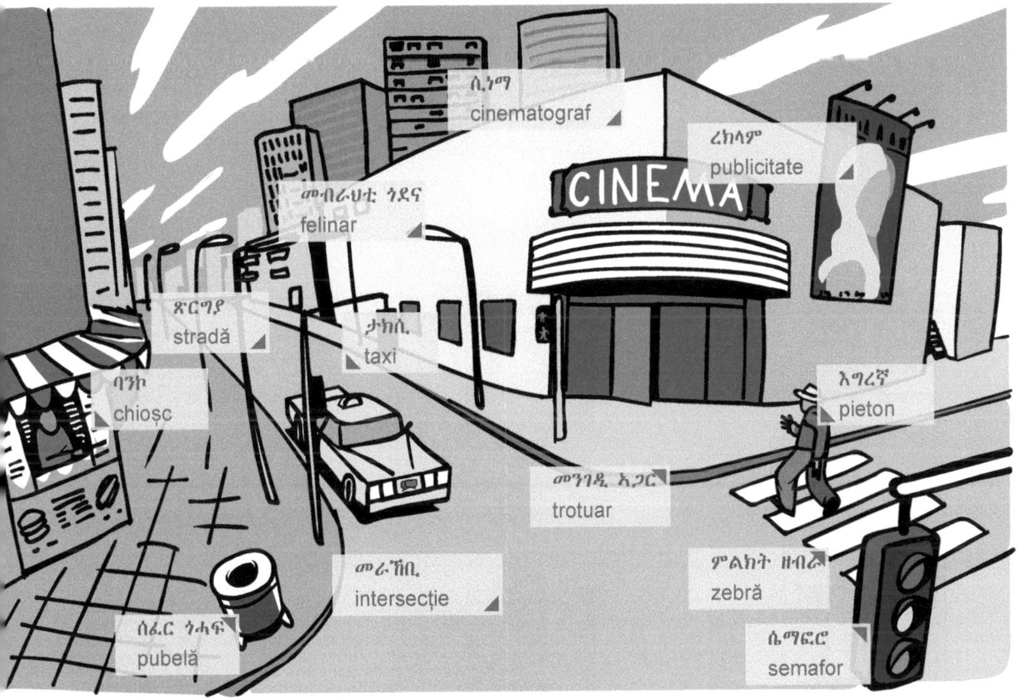

ሲነማ
cinematograf
ረክላም
publicitate
CINEMA
መብራህቲ ጎደና
felinar
ጽርግያ
stradă
ታክሲ
taxi
ባንኮ
chioșc
እግረኛ
pieton
መንገዲ ኣጋር
trotuar
መራኽቢ
intersecție
ምልክት ዘብራ
zebră
ሰፈር ጎሓፍ
pubelă
ሴማፎሮ
semafor

ኣጐዶ

cabană

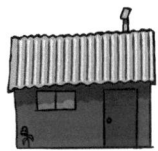

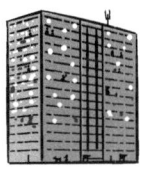

ኣፓርትመንት

apartament

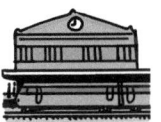

መዕረፊ ባቡር

gară

ቤት ምምሕዳር

primărie

MUSEUM

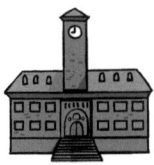

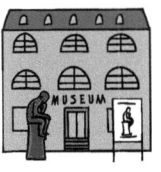

ቤተ መዘክር

muzeu

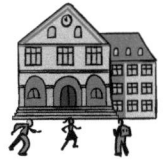

ቤት-ትምህርቲ

școală

ዩኒቨርሲቲ
universitate

ባንክ
bancă

ሆስፒታል
spital

መቆበሊ አጋይሽ
hotel

ቤት መድሃኒት
farmacie

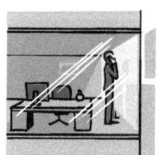

ቤት ጽሕፈት
birou

ዱኳን መጽሓፍቲ
librărie

ዱኳን
magazin

ዱኳን ዕንባባ
florărie

ሱፐርማርክት
supermarket

ዕዳጋ
piață

ሾቅ
magazin universal

ነጋዳይ ዓሳ
comerciant de pește

ሾቅ
centru comercial

መርሳ
port

መዘናግዒ

parc

ባንኪ

bancă

ድልድል

pod

መደያይቦ

trepte

ባቡር ትሕቲ ምድሪ

metrou

ቢንቶ

tunel

መዕረፊ ኣውቶቡስ

stație de autobuz

ቤት መስተ

bar

ቤት-መግቢ

restaurant

ሳታሪት

cutie poștală

ታቤላ

tăbliță indicatoare cu
numele străzii

ሰዓት ፓርኪንግ

parcometru

መካነ እንስሳታት

grădină zoologică

መሓምበሲ

piscină

መስጊድ

moschee

ቤት ሕርሻ
....
gospodărie țărănească

ብከላ
....
poluare

መቃበር
....
cimitir

ቤተክርስትያን
....
biserică

ቦታ ምጽዋት
....
loc de joacă

ቤት መቅደስ
....
templu

ስእሊ መሬት

peisaj

አቖጽልቲ
frunză

መሕበሪ መገዲ
indicator

መገዲ
drum

ሸኻ
pajiște

እምኒ
piatră

ኮብላሊ
drumeț

አግራብ
copac

ፈለግ
râu

ሳዕሪ
iarbă

ዕንባባ
floare

ስንጭሮ
vale

ጎቦ
deal

ቀላይ
lac

ዱር
pădure

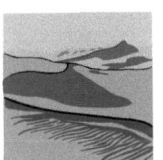

ምድረ በዳ
deșert

እሳተ-ጎመራ
vulcan

ግምቢ
castel

ቀስተ-ደመና
curcubeu

ቃንጥሻ
ciupercă

ዖርኮብኮባይ
palmier

ጣንጡ
țânțar

ሃመማ
muscă

ጻጻ
furnică

ንህቢ
albină

ሳሬት
păianjen

ሕንዚዝ
gândac

ዕንቅርያብ
broască

ምጽጹላይ
veveriță

ቅንፍዝ
arici

ማንቲለ
iepure

ጉንን
bufniță

ጭሩ
pasăre

ስዋን
lebădă

መፍለስ
porc mistreț

ዓጋዘን
cerb

ሙስ
elan

ግድብ
dig

ተርባይን ንፋስ
turbină eoliană

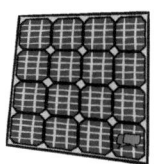

ሶላር ስርሓት
panou solar

ኩነታት አየር
climă

ስእሊ መሬት - peisaj

ቤት-መግቢ
restaurant

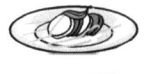

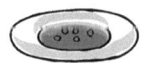

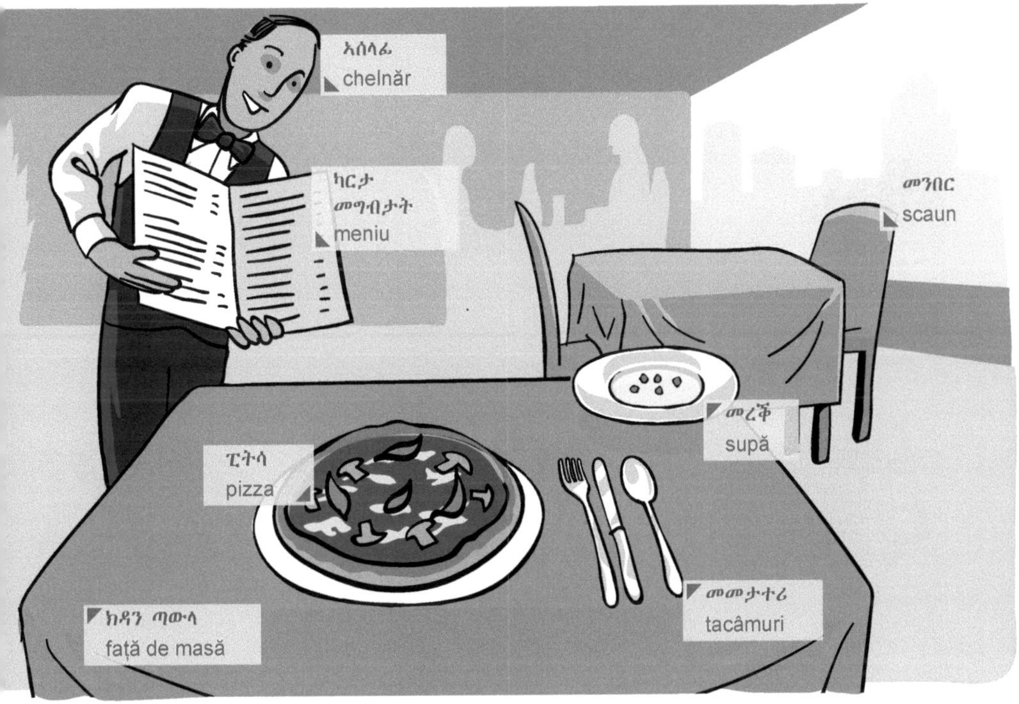

ኣሰላፊ
chelnăr
ካርታ
መግብታት
meniu
መንበር
scaun
መረቕ
supă
ፒትሳ
pizza
መመታተሪ
tacâmuri
ክዳን ጣውላ
față de masă

ቅድመ ቀንዲ መግቢ
....
antreu

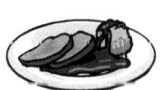

ቀንዲ መኣዲ
....
fel principal

ድሕረ መግቢ
....
desert

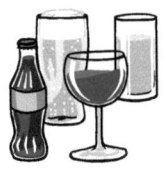

መስተ
....
băuturi

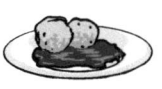

መግቢ
....
mâncare

ጥርሙዝ
....
sticlă

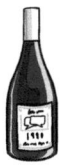

ስሉጥ መግቢ.

fastfood

መግቢ. ጽርግያ

streetfood

ብርጭቆ ሻሂ.

ceainic

ታኒካ ሽኮር

zaharniță

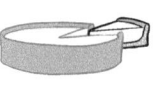

ክፋል

porție

ማሺን ኤስፐረሶ

espressor

ነዊሕ መንበር

scaun înalt (pentru copii)

ጸብጸብ

factură

ታብለት

tavă

ካራ

cuțit

ፉርከታ

furculiță

ማንካ

lingură

ማንካ ሻሂ

linguriță

ሰርቭዬተ

șervețel

ብኬሪ

pahar

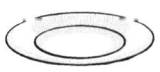

ሻሓኒ

farfurie

ሻሓኒ መረቅ

farfurie de supă

ትሕቲ ኩባያ

farfurie

ጸብሒ

sos

ወሃቢ ጨው

solniţă

መጥሓን በርበረ

râşniţă de piper

አቶቶ

oţet

ዘይቲ

ulei

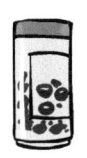

ቀመም

condimente

ከቾፕ

ketchup

አድሪ

muştar

ማዮነዝ

maioneză

ሱፐርማርክት

supermarket

ወፈያ
ofertă
FOR
ዓሚል
client
ፍርያታት ጸባ
produse lactate
ፍረታት
fructe
ሰረገላ ዱኳን
cărucior de cumpărături

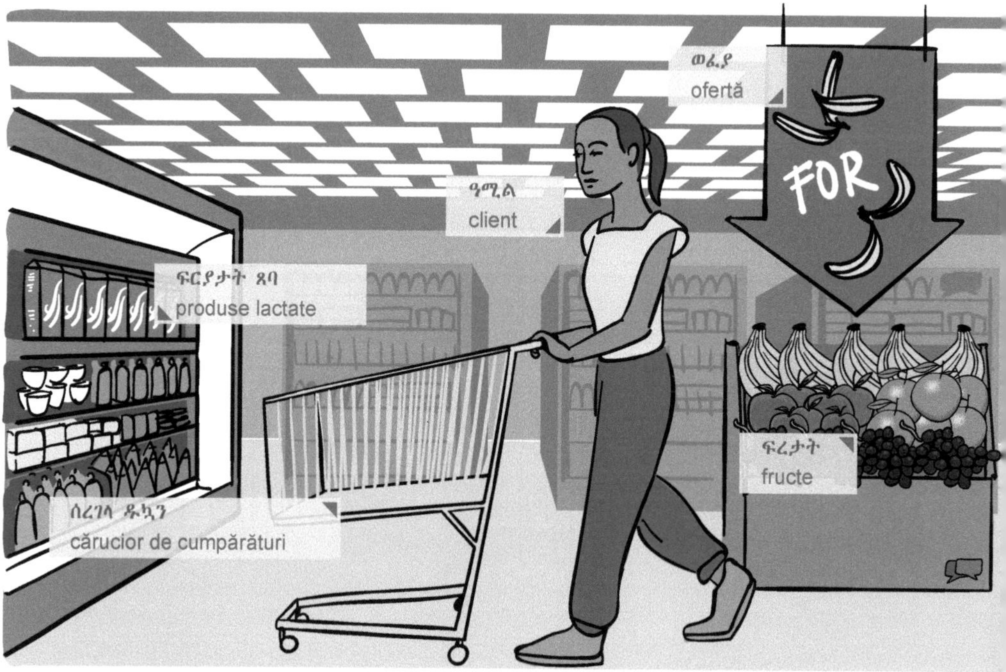

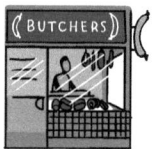

BUTCHERS

እንዳ ስጋ

măcelărie

BAKERY

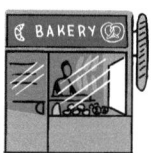

እንዳ ባኒ

brutărie

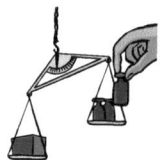

ክብደት

a cântări

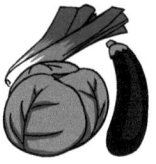

ኣሕምልቲ

legume

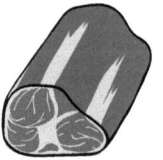

ስጋ

carne

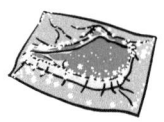

መግቢ ፍሪጅ በረድ

alimente refrigerate

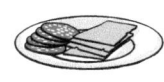

ዝሑል ቅሩብ መግቢ.
....
zeluri și brânzeturi feliate

እስቃጥላ
....
conserve

አሞ
....
detergent

ምቁር መግቢ.
....
dulciuri

ዘቤታውያን ኣቍሑ
....
articole de menaj

ናውቲ መጸረዪ.
....
produse de curățenie

ሸቃጣይ
....
vânzătoare

ካሳ
....
casă

ተሓዚ ገንዘብ
....
casier

ዝርዝር ምግዛእ
....
listă de cumpărături

ክፉት ሰዓታት
....
orar

ማሕፉዳ
....
portmoneu

ክረዲት ካርድ
....
carte de credit

ሳንጣ
....
geantă

ፌስታል
....
pungă de plastic

ማይ

apă

ጁማቆ

suc

ጸባ

lapte

ኮላ

cola

ነቢት

vin

ቢራ

bere

አልኮል

alcool

ካካው

cacao

ሻሂ

ceai

ቡን

cafea

ኤስፕረሶ

espresso

ካፑቺኖ

cappucino

ባናና

banane

ቱፋሕ

măr

አራንሺ.

portocală

ብርጭቆ

pepene

ለሚን

lămâie

ካሮት

morcov

ጻዕዳ ሽጉርቲ

usturoi

ባምቡስ

bambus

ሽጉርቲ

ceapă

ቅንጥሻ

ciupercă

ፉል

nuci

ፓስታ

paste făinoase

ስፓጌቲ

spagheti

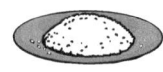

ሩዝ

orez

ሰላጣ

salată

ቅልዋ ድንሽ

cartofi prăjiți

ቅሉው ድንሽ

cartofi țărănești

ፒትሳ

pizza

ሃምቡርገር

hamburger

ፓኒኖ

sandwich

ቢስተካ

șnițel

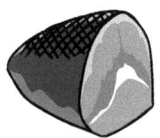

ሰለፍ ሓሰማ

șuncă

ሳላሚ

salam

ግዕዝም

cârnați

ደርሆ

pui

ቀለወ

friptură

ዓሳ

pește

ገዓት
....
fulgi de ovăz

ሙስሊ.
....
musli

ኮርንፍለይክስ
....
cereale

ሓርጭ
....
făină

ክሮሶን
....
corn

ባኒ
....
chifle

ባኒ
....
pâine

ቶስት
....
pâine prăjită

ብሽኮቲ
....
biscuiți

ጠስሚ
....
unt

ርጎ
....
brânză de vaci

ፓስተ
....
prăjitură

እንቋቊሖ
....
ou

ቅሉው እንቋቊሖ
....
ouă ochiuri

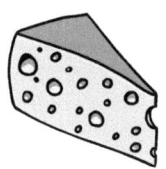

ፋርማጅ
....
brânză

አይስ ክሪም
....
înghețată

ሽኮር
....
zahăr

መዓር
....
miere

ጇም
....
marmeladă

ኑጋት-ክሪም
....
cremă nuga

ኩሪ
....
curry

ቤት ሕርሻ

gospodărie țărănească

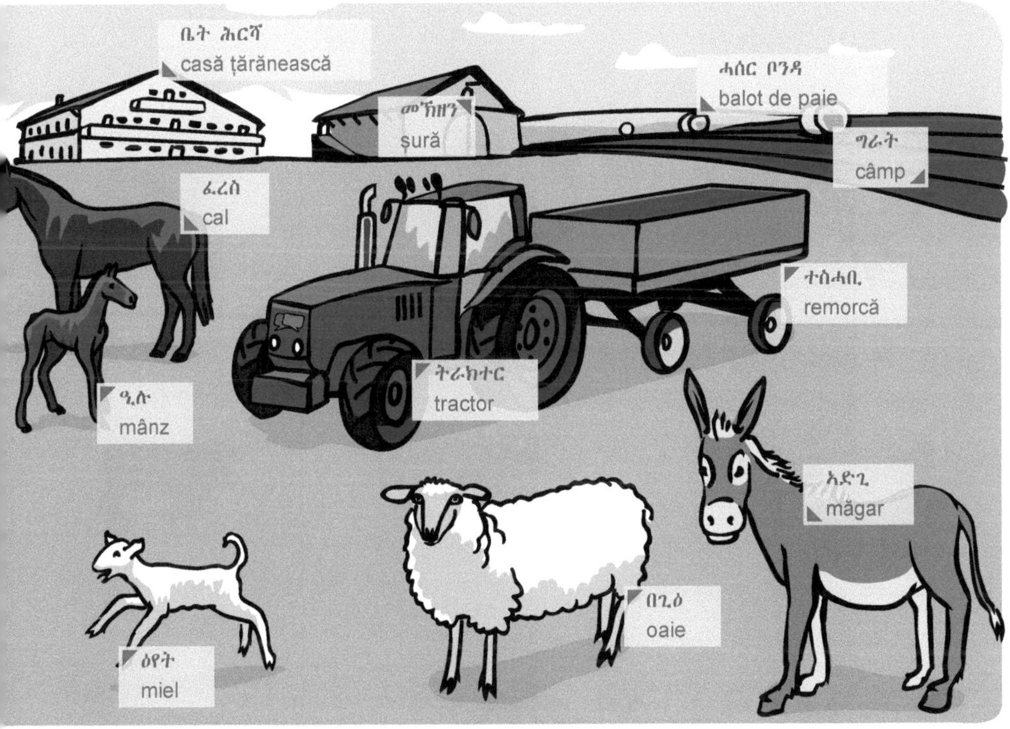

ቤት ሕርሻ
casă țărănească
መኽዘን
șură
ሓሰር ቦንዳ
balot de paie
ግራት
câmp
ፈረስ
cal
ተስሓቢ
remorcă
ዒሉ
mânz
ትራክተር
tractor
ኣድጊ
măgar
በጊዕ
oaie
ዕየት
miel

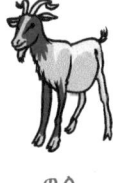

ጤል

capră

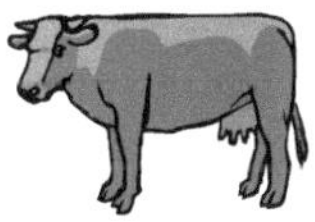

ብዕራይ

vacă

ምራኽ

vițel

ሓሰማ

porc

ውላድ ሓሰማ

purcel

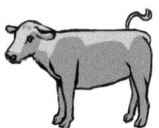

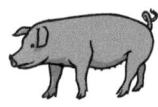

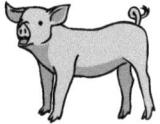

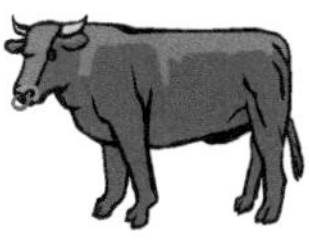

ኣርሓ

taur

ዓሳ
....
găină

ማይ ደርሆ
....
rață

ጫቑሊት
....
pui

ደርሆ
....
găină

ኣርሓ ደርሆ
....
cocoș

ኣንጨዋ ዓባይ
....
șobolan

ድሙ
....
pisică

ኣንጭዋ
....
șoarece

ብዕራይ
....
bou

ከልቢ
....
câine

ኣጉዶ ከልቢ
....
cușcă

ቱቦ ጀርዲን
....
furtun de grădină

መዝፈሪ ማይ
....
stropitoare

ዓቢ ማዕጺድ
....
coasă

ማሕረሻ
....
plug

ማዕጺድ	ጭኳሮ	መስአ
seceră	sapă	furcă

ፋስ	ዓረብያ ኢ.ድ	ጋብላ
secure	roabă	troacă

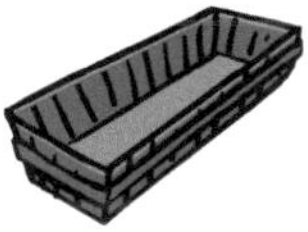

ብርጭቆ ጸባ	ክሻ	ሓጹር
cană pentru lapte	sac	gard

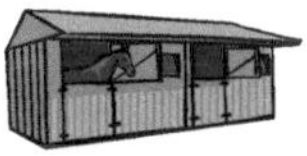

መንሰስ	ቆጠልያ ገዛ	ባይታ
grajd	seră	sol

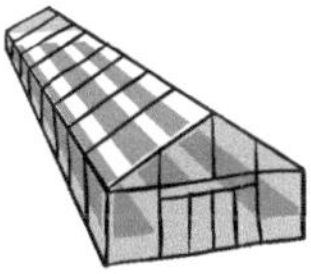

ዘርኢ

sămânță

ድኹዒ

fertilizator

ዘጣምር ቆውዓይ

combină de treierat

ቀውስ
....
a culege

ጻማ
....
recoltă

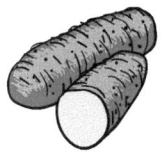

ድንሽ ያም
....
cartof yam

ስርናይ
....
grâu

ሶያ
....
soia

ድንሽ
....
cartof

ዕፉን
....
porumb

ራፕስ
....
rapiță

ገረብ ፍረታት
....
pom fructifer

ማኒኦክ
....
manioc

አእኻል
....
cereale

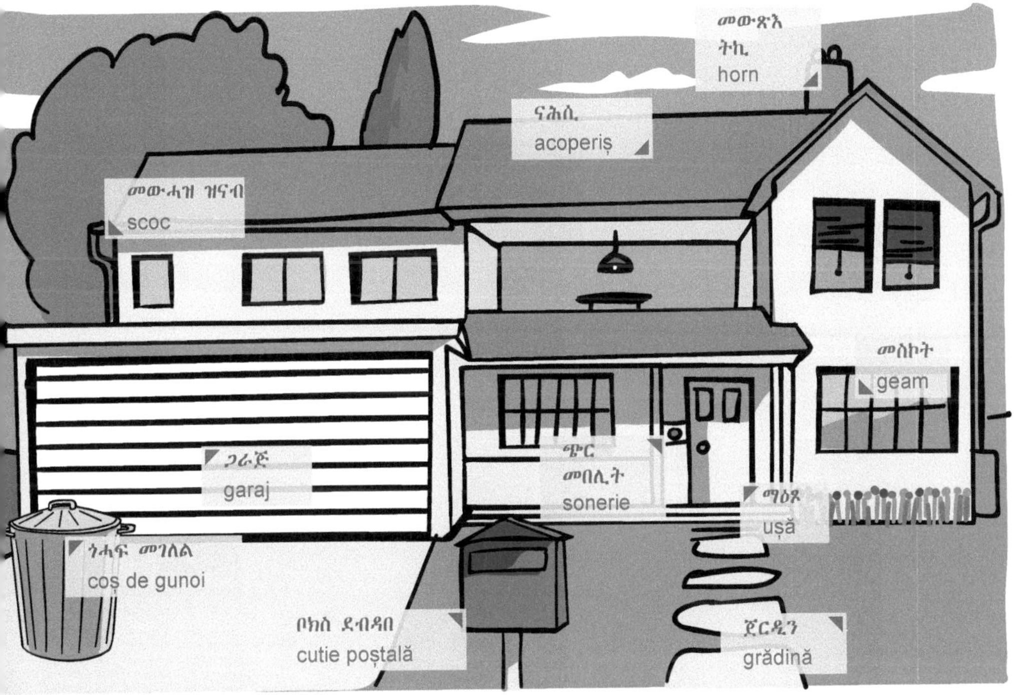

መውጽእ ትኪ
horn

ናሕሲ
acoperiș

መውሓዝ ዝናብ
scoc

መስኮት
geam

ጋራጅ
garaj

ጭር መበሊታት
sonerie

ማዕጾ
ușă

ጎሓፍ መገለል
coș de gunoi

ቦክስ ደብዳበ
cutie poștală

ጀርዲን
grădină

ክፍሊ ምቅማጥ
cameră de zi

ክፍሊ ባንዮ
baie

ክሽን
bucătărie

ክፍሊ መደቀሲ
dormitor

ክፍሊ ቆልዑ
camera copiilor

መመገቢ ክፍሊ
sufragerie

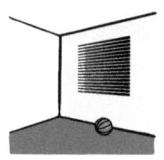

ባይታ

podea

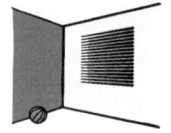

መንደቅ

perete

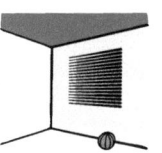

ከበርታ

tavan

ካንቲና

pivniță

ሳውና

saună

ባልኮን

balcon

ዛላ

terasă

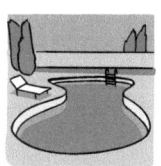

መሕምበሲ

piscină

መቑረጺ ሳዕሪ

maşină de tuns iarba

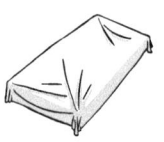

አንሶላ ዓራት

cearşaf

ከበርታ ዓራት

cuvertură

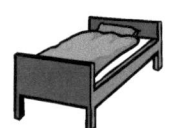

ዓራት

pat

መኸስተር

mătură

መገለል

găleată

መወልዒት

întrerupător

ክፍሊ ምቕማጥ
cameră de zi

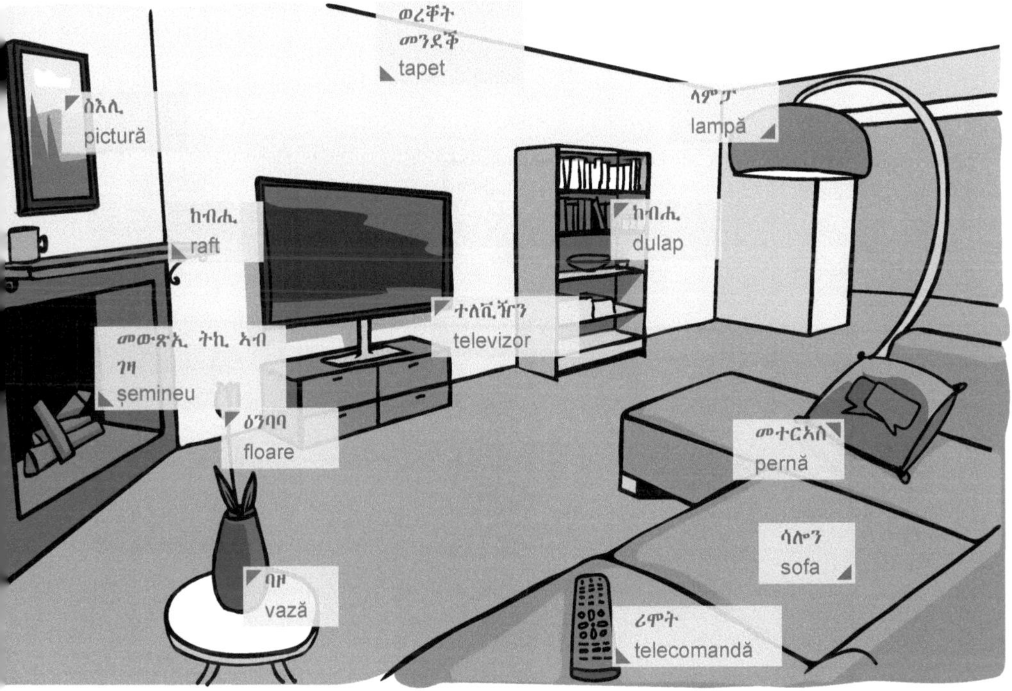

ወረቐት
መንደቕ
tapet
ስእሊ
pictură
ላምፓ
lampă
ክብሒ
raft
ክብሒ
dulap
ተለቪዥን
televizor
መውጽኢ ትኪ ኣብ
ገዛ
șemineu
ዕንባባ
floare
መተርኣስ
pernă
ሳሎን
sofa
ባዞ
vază
ሪሞት
telecomandă

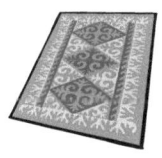

መንጸፍ

covor

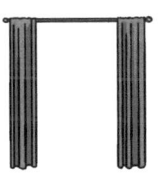

መጋረጃ

perdea

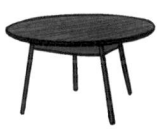

ጣውላ

masă

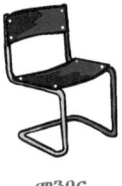

መንበር

scaun

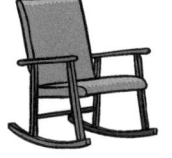

ሰለል ዝብል መንበር

balansoar

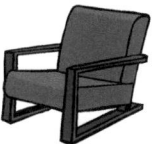

መንበር ምቹእ

fotoliu

መጽሐፍ

carte

ከቦርታ

pătură

ስልማት

decoraţiune

እንጨይቲ ሓዊ

lemn de foc

ፊልም

film

ስተረዮ

instalaţie stereo

መፍትሕ

cheie

ጋዜጣ

ziar

ቕብአ

desen

ፖስተር

poster

ሬድዮ

radio

ጥራዝ

caiet de notiţe

መልገሲ ደሮና

aspirator

በለስ

cactus

ሽምዓ

lumânare

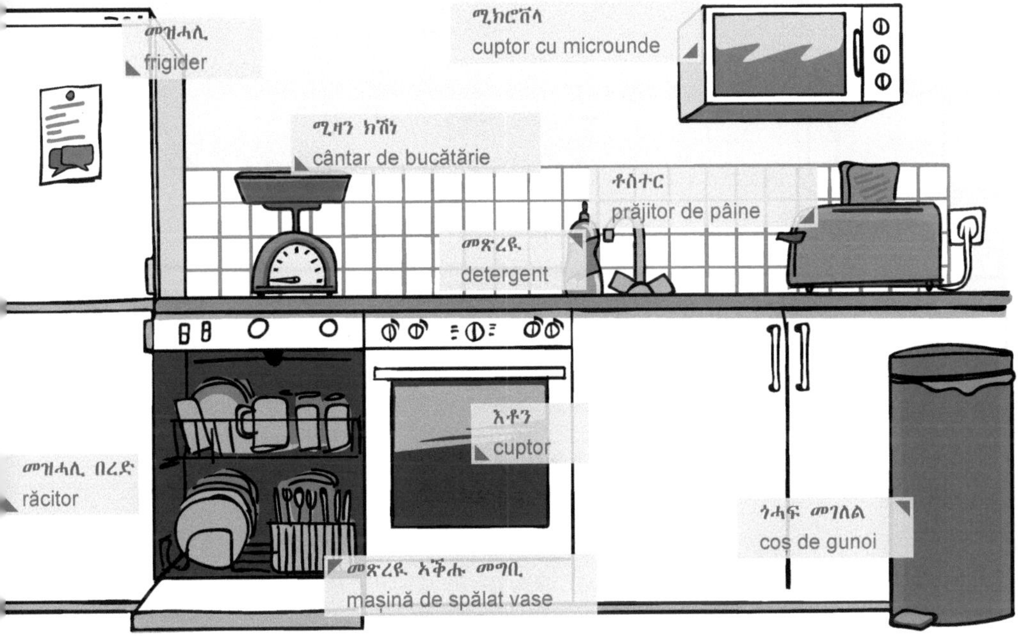

መዝሓሊ
frigider

ሚክሮቭላ
cuptor cu microunde

ሚዛን ክሽን
cântar de bucătărie

ቶስተር
prăjitor de pâine

መጽረዪ
detergent

እቶን
cuptor

ጎሓፍ መገለል
coş de gunoi

መዝሓሊ በረድ
răcitor

ነሓፍ መገለል
coş de gunoi

መጽረዪ ኣቑሑ መግቢ
maşină de spălat vase

መኽሸኒ
cuptor

ድስቲ
oală

ድስቲ ሓጺን
oală de metal

ቾክ/ካዳይ
wok/kadai

ባደላ
tigaie

መውዓዪ ማይ
ceainic

መፍልሒ

oală de gătit cu aburi

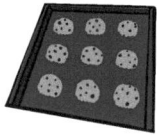

ንቱራ ምስንካት

tavă de copt

ኣቅሑ መግቢ

vaselă

ብርጭቆ

pahar

ጭሓሎ

bol

ማንካቺና

bețișoare

ማንካ መረቅ

polonic

መገልበጢ ባደላ

spatulă

መኹስተር ውርጪ

tel

መንፈት መግቢ

sită

መንፈት

sită

መፍሕፍሒ

răzătoare

ሞርታር

mojar

ባርቢክዩ

grătar

ስፍራ ሓዊ

loc pentru grătar

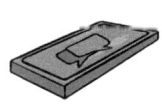

እንጨይቲ ምምታር
....
tocător

እንጨይቲ ኮረር
....
sucitor

መኽፈት ቡሽ
....
tirbușon

ታኒካ
....
conservă

መኽፈቲ ታኒካ
....
deschizător de conserve

ጨርቂ ድስቲ
....
șervete termice

ቡምባ
....
chiuvetă

አስባስላ
....
perie

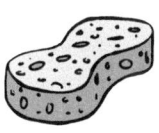

ሰፍነግ
....
burete

ሓዋሲ አደባላቒ
....
mixer

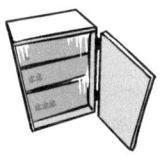

መዝሓሊ በረድ
....
ladă frigorifică

ጥርሙዝ ማማይ
....
biberon

ቡምባ ማይ
....
robinet

ክፍሊ ባንዮ

baie

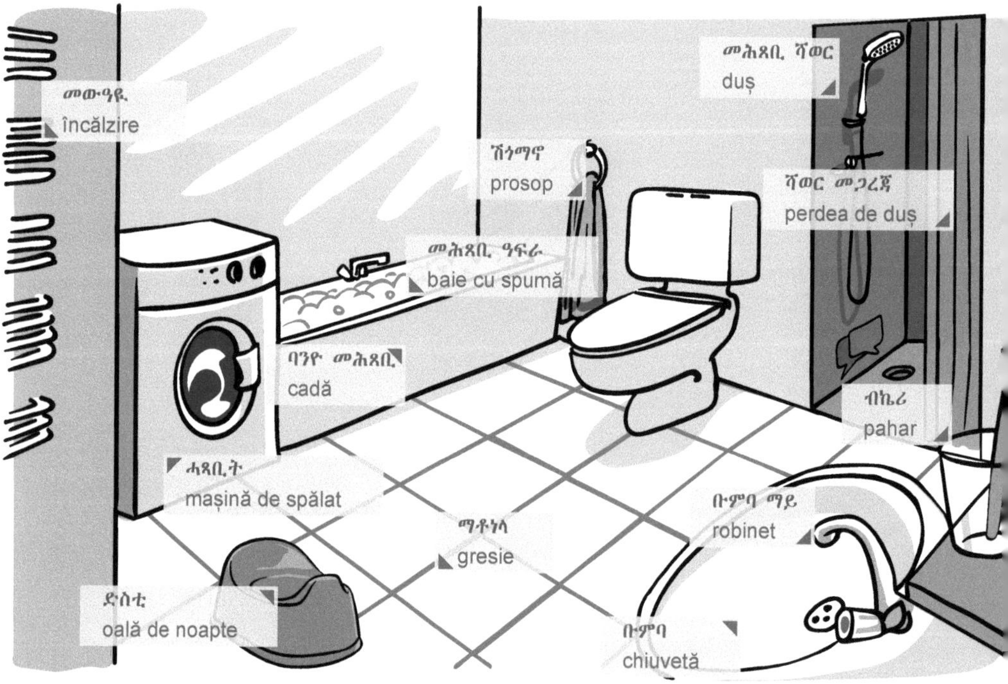

መውዓዪ
încălzire
ሽጎማኖ
prosop
መሕጸቢ ሻወር
duș
ሻወር መጋረጃ
perdea de duș
መሕጸቢ ዓፍራ
baie cu spumă
ባንዮ መሕጸቢ
cadă
ሓጻቢት
mașină de spălat
ማቶነላ
gresie
ድስቲ
oală de noapte
ቡምባ ማይ
robinet
ብኬሪ
pahar
ቡምባ
chiuvetă

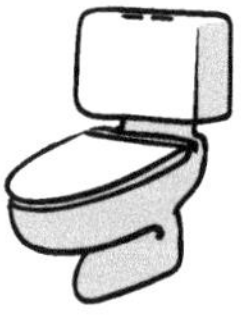

ሽቓቕ

toaletă

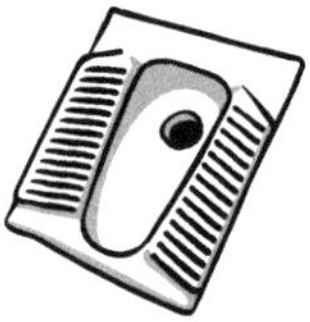

ሽቓቕ ኮፍ

toaletă turcescă

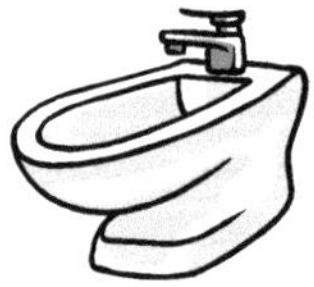

በዱ

bideu

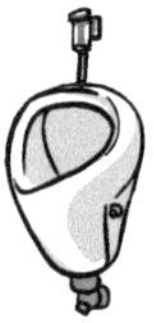

ሽቓቕ ተባዕታይ

pisoir

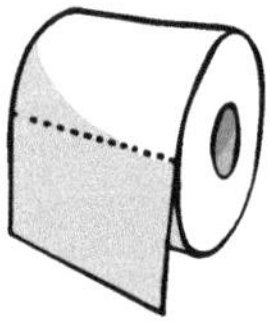

ወረቐት ሽቓቕ

hârtie igienică

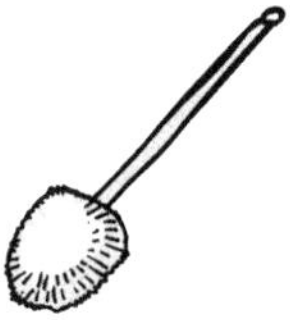

ኣስባስላ ሽቓቕ

perie de toaletă

አስባስላ ስኒ
periuță de dinți

ክረማ ስኒ
pastă de dinți

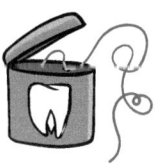

ሃሪ ስኒ
ață dentară

ሓጸበ
a spăla

ዱሽ ኢ.ድ
cap de duș

ዱሽ
duș intim

ብርጭቆ ምሕጻብ
lavoar

አስባስላ ሕቆ
perie pentru spate

ሳምና
săpun

ሻወር ጀል
gel de duș

ሻምፑ
șampon

ጨርቂ መሕጸቢ
cârpă de spălat

መውሓዚ
scurgere

ክረማ
cremă

ደዮ ጨና
deodorant

መስትያት

oglindă

ናይ ኢድ መስትያት

oglindă cosmetică

መላጸ

aparat de ras

ዓፍራ ምልጻይ

spumă de ras

ጨና ድሕሪ ምልጻይ

aftershave

መመሸጥ

pieptene

አስባስላ

perie

መንቻጺ ጸግሪ

uscător de păr

ስፕረይ ጸግሪ

fixator

መመላኽዒ

machiaj

ብርዒ ቀለም ከንፈር

ruj

አዝማልቶ

lac de unghii

ጸምሪ ጡጥ

vată

መስደዲ ጽፍሪ

foarfece de unghii

ጨና

parfum

ሳንጣ መሕጸቢ.

neseser

ድኳ

taburet

ሚዛን

cântar

ክዳን መሕጸቢ.

halat de baie

ጓንቲ መጸረዪ.

mănuși de cauciuc

ታምፖን

tampon

ጨርቂ ሰበይቲ

tampon

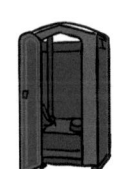

ሽቓቕ ከሚስትሪ

toaletă chimică

camera copiilor

አላርም መተስኢ
ceas deșteptător

መጻወቲ እንስሳ
jucărie de pluș

መጻወቲ መኪና
mașină de jucărie

ኢሕኳሕ መበሊ
morișcă

ቤት ባምቡላ
casă de păpuși

ህያብ
cadou

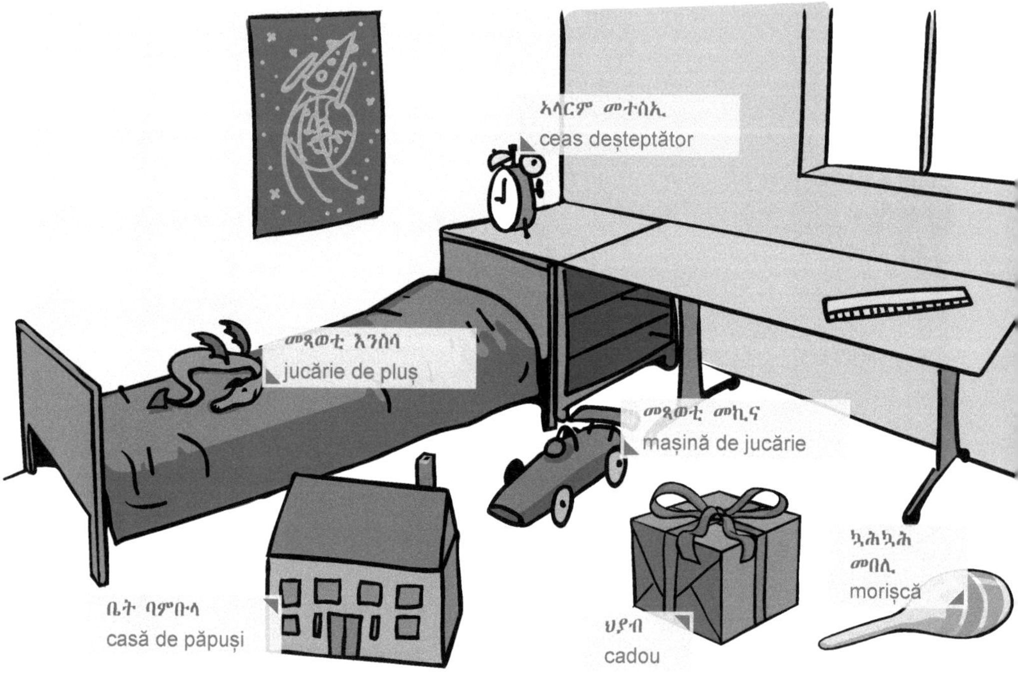

ባላንችና
balon

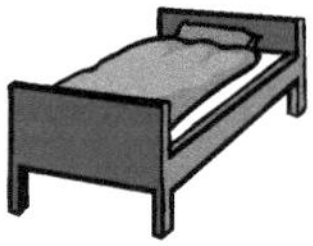

ዓራት
pat

ሰረገላ ህጻን
cărucior de copii

ጸወታ ካርታ
joc de cărți

ሕንቅልቲ ተይ
puzzle

ኮሜዲ
revistă de benzi desenate

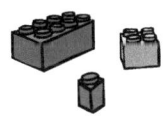

እምንታት መጻወቲ ለጎ

cuburi lego

መጻወቲ እምንታት

piese pentru construcții

በዓል አክቶን

personaj din filmele de acțiune

ክዳን ማማይ

body

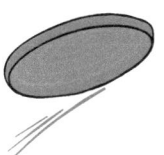

ፍሪስቢ

frisbee

ሞባይል ማማይ

mobil

ጸወታ ሰሌዳ

joc de societate

ኩቦ

zar

ሞዴል ባቡር ምድሪ

set trenuleț de jucărie

ዓባስ

suzetă

ፓርቲ

petrecere

መጽሓፍ ስእሊ

carte cu poze

ኩዕሶ

minge

ባምቡላ

păpușă

ተጻወተ

a se juca

መጻወቲ ሑጻ
....
groapă de nisip

ሰላል
....
leagăn

መጻወቲታት
....
jucării

ኮንሶል ቪድዮ
....
consolă video

መጻወቲ ሰለስተ መንኮርኮር
....
tricicletă

ተዲ
....
ursuleț

ከብሒ ክዳን
....
dulap

ክዳን

îmbrăcăminte

ካልስታት
....
șosete

ነዊሕ ካልስታት
....
ciorapi

ስረ ካልሲ
....
dres

ሻርባ
șal

ጽላል
umbrelă

ቁልፊ
curea

ማልያ
tricou

ስኒከርስ
pantofi sport

ረፋዕ
cizme

ጫማ ገዝ
papuci

ሻበጥ
....
sandale

ጫማ
....
încălțăminte

ረፋዕ ጎማ
....
cizme de cauciuc

ሙታንታ
....
chilot

ክዳን ጡብ
....
sutien

ትሕተ ካሚቻ
....
maiou

ክዳን - îmbrăcăminte   45

ቦዲ

body

ስረ

pantaloni

ጂንስ

blugi

ቀምሽ

fustă

ካምቻ

bluză

ካሚቻ

cămașă

ጉልፎ

pulover

ጎልፎ

jerseu

ጃኬት

sacou

ጃከት

jachetă

ጆባ

palton

ክዳን ዝናብ

pelerină de ploaie

ኮስቱም

costum

ቀምሽ

rochie

ቀምሽ መርዓ

rochie de mireasă

ልብሲ.

costum

ካሚቻ ለይቲ

cămașă de noapte

ክዳን ለይቲ

pijama

ሳሪ

sari

መሃረብ ርእሲ.

batic

ቱርባን

turban

ቡርካ

burka

ካፍታን

caftan

አባያ

abaya

ክዳን መሕምበሲ.

costum de baie

ስረ መሕምበሲ.

șort

ሓጺር ስረ

pantaloni scurți

ክዳን ታዕሊም

trening

በጃ ክዳን

șorț

ንንቲ

mănuși

መልጎም

nasture

መነጽር

ochelari

በንናጅር

brățară

ማዕተብ

lanț

ቀለበት

inel

ኩትሻ

cercel

ቆብዕ

căciulă

መንበሪ ጁባ

umeraș

ባርኔጣ

pălărie

ካራቫት

cravată

ሻርኔጣ

fermoar

ሀልመት

cască

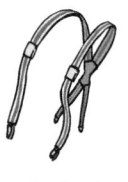

መድልደል ስረ

bretele

ድቢዛ ቤትትምህርቲ

uniformă școlară

ድቢዛ

uniformă

ሰደርያ ቆልዓ

bavețică

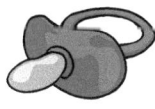

ዓባስ

suzetă

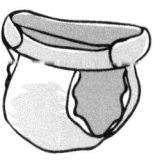

ጨርቂ ማማይ

scutec

ሰርቨC
server

ክብሒ ሰነድ
dulap de acte

ሞኒቶC
monitor

ወረቐት
hârtie

ፕሪንተC
imprimantă

 አንጭዋ
mouse

ጣውላ ምጽሓፍ
masă de birou

ሓዠሬ
fișier

ኪቦርድ
tastatură

ጎሓፍ ወረቐት
coș de gunoi

መንበC
scaun

ኮምፒተC
computer

ብCጭቆ ቡን

ceașcă de cafea

ካልኩለተC

calculator

ኢንተርነት

internet

ለፕቶፕ

laptop

ደብዳበ

scrisoare

መልእኽቲ

mesaj

ሞባይል

telefon mobil

ነትወርክ/መርበብ

rețea

መቅድሒ ፎቶኮፒ

copiator

ሶፍትዌር

software

ተለፎን

telefon

ሶከት ኣረንቲ

priză

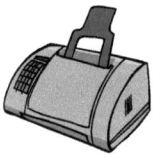

ፋክስ

fax

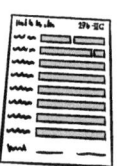

ፎርም

formular

ሰነድ

document

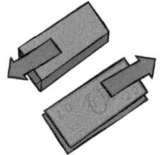

ገዝኣ
a cumpăra

ከፈለ
a plăti

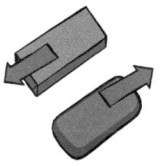

ንግዲ
a face comerț

ገንዘብ
bani

ዶላር
Dolar

ኦይሮ
Euro

የን
Yen

ሩብል
Rublă

ስዊዝ ፍራንከን
Franc Elvețian

ረንሚንቢ የዋን
renminbi yuan

ሩፐየ
Rupie

መውጽኢ ማሺን ገንዘብ
bancomat

በታ ቅያር ገንዘብ

casă de schimb valutar

ወርቂ

aur

ብሩር

argint

ዘይቲ

petrol

ሓይሊ

energie

ዋጋ

preț

ውዕል

contract

ቀረጽ

impozit

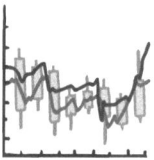

እኹብ ጥሪ-ነገራት

acțiune

ሰርሐ

a munci

ሰራሕተኛ

angajat

አስራሒ

angajator

ትካል

fabrică

ዱኳን

magazin

ሞያታት
ocupații

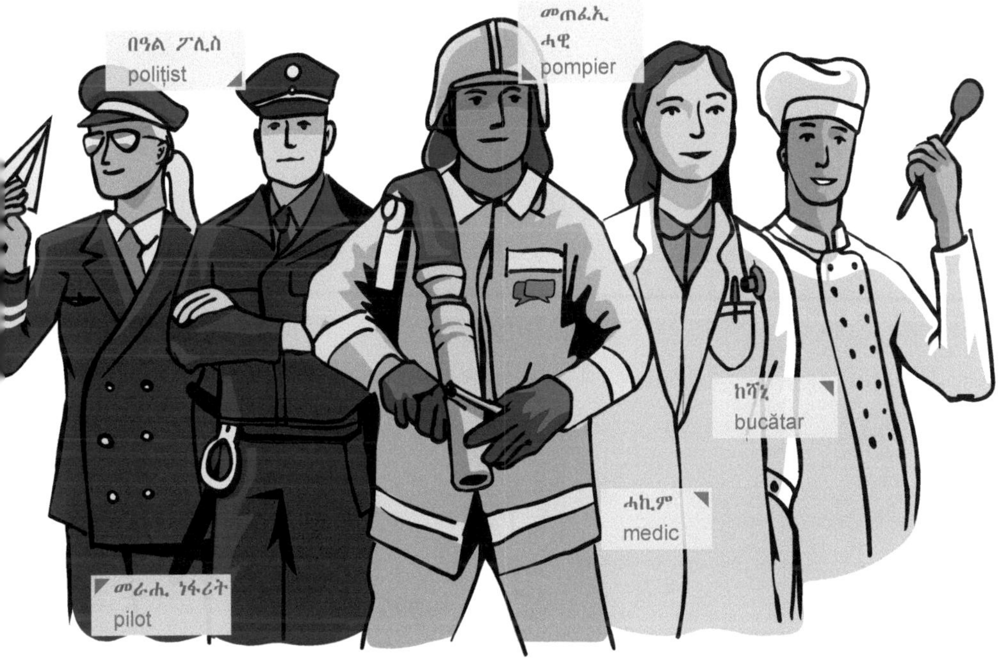
በዓል ፖሊስ
polițist
መጠፊኢ ሓዊ
pompier
ክሻኒ
bucătar
ሓኪም
medic
መራሒ ነፋሪት
pilot

ሰራሕተኛ ጀርዲን

grădinar

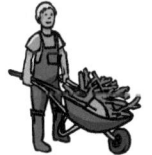

ጸራቢ ዕንጸይቲ

tâmplar

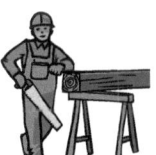

ሰፋይት

cusătoreasă

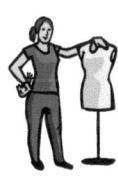

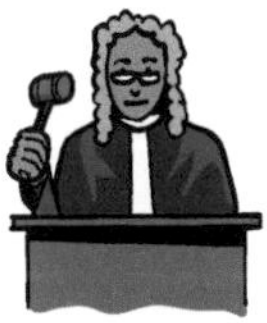

ፈራዳይ

judecător

ቀማሚ

chimist

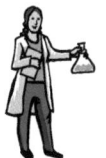

ተዋሳኢ

actor

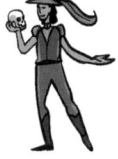

መራሒ አዉቶቡስ
....
șofer de autobuz

አዉቲስታ ታክሲ
....
șofer de taxi

ገፋፊ ዓሳ
....
pescar

ጸራጊት
....
femeie de serviciu

ሃናጻይ ናሕሲ
....
tinichigiu

አሰላፊ
....
chelnăr

ሃዳናይ
....
vânător

ሰአላይ
....
pictor

እንዳ ሕብስቲ
....
brutar

ኤለትሪከኛ
....
electrician

ሃናጺ አባይቲ
....
muncitor în construcții

ሃንዳሲ
....
inginer

ሰራሕተኛ እንዳ ስጋ
....
măcelar

ድራብሊኮ
....
instalator

አማላላሲ ፖስጣ
....
poștaș

ወተሃደር
soldat

መሃንድስ
arhitect

ተሓዝ ገንዘብ
casier

ሰራሕተኛ ዕምባባ
florar

ቀምቃማይ
frizer

ፈተሪኖ
controlor

መካኒክ
mecanic

መራሒ መርከብ
căpitan

ሓኪም ስኒ
stomatolog

ተመራማሪ
om de știință

ራቢ
rabin

ኢማም
imam

ፈላሲ
călugăr

ቀሺ
preot

ናውቲ
instrumente

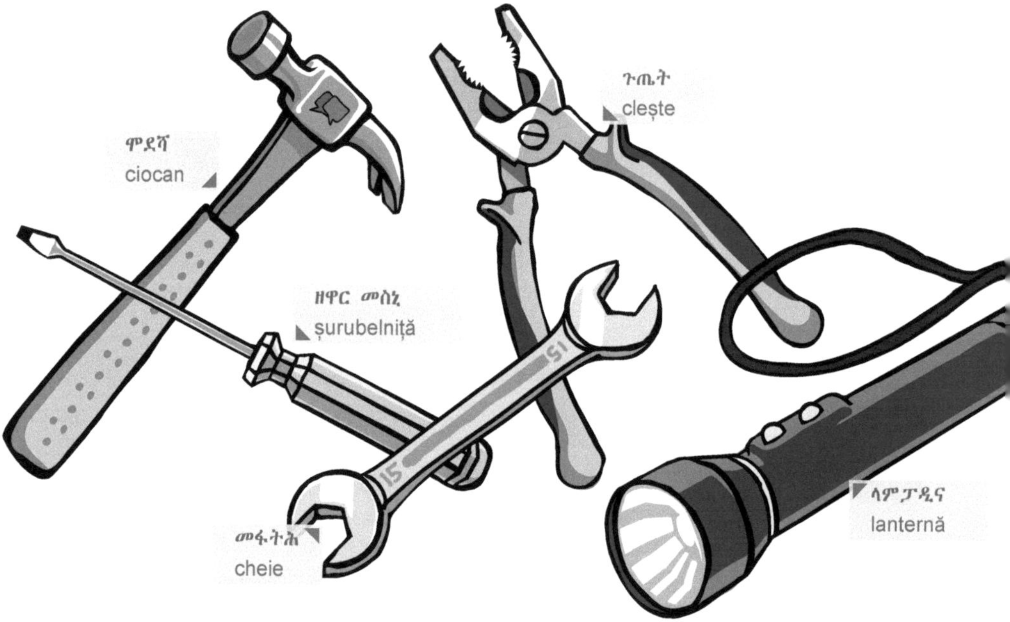

ሞደሻ
ciocan
ጉጤት
cleşte
ዘዋር መስኒ
șurubelniță
መፋትሕ
cheie
ላምፓዲና
lanternă

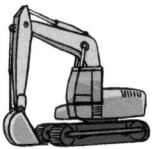

ፈሓሪ
....
excavator

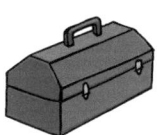

ናውቲ ቦክስ
....
cutie de scule

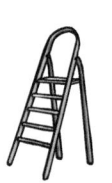

መደያይቦ
....
scară

መጋዝ
....
ferăstrău

መስማር
....
cuie

ኰዓቲ
....
burghiu

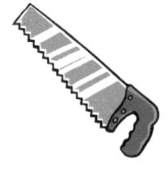

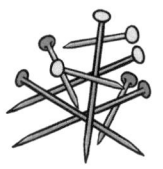

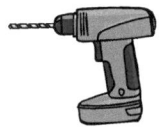

ምዕራይ
....
a repara

ባደላ
....
lopată

ኣይ!
....
La naiba!

መትሓዚ ዶሮና
....
făraș

ድስቲ ቀለም
....
vas pentru vopsea

ካቻቢተ
....
șuruburi

መሳርሒ ሙዚቃ

instrumente muzicale

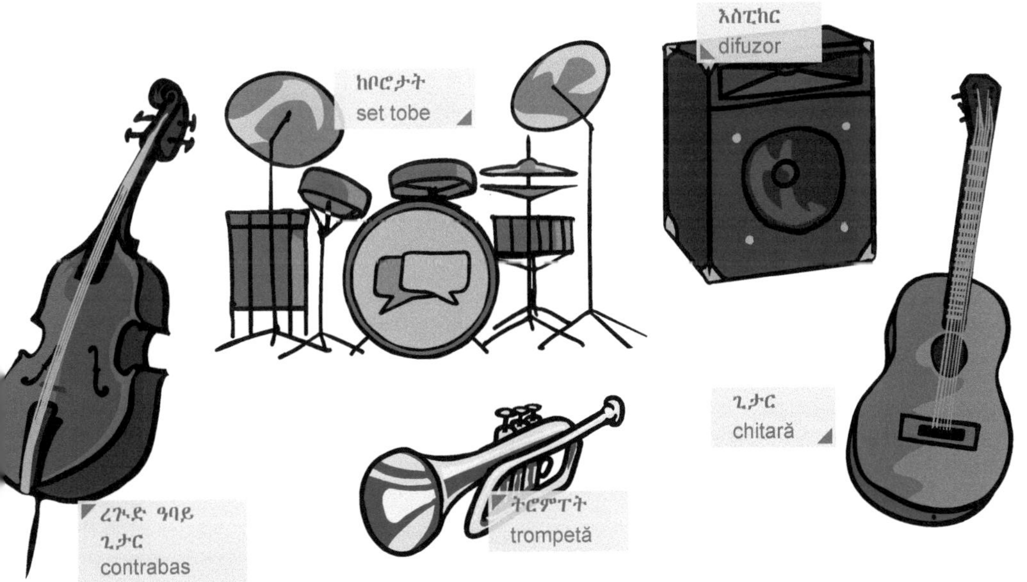

ከበሮታት
set tobe

እስፒከር
difuzor

ጊታር
chitară

ትሮምፐት
trompetă

ረጒድ ዓባይ
ጊታር
contrabas

ፒያኖ

pian

ቫዮሊን

vioară

ባስ ጊታር

bas

ቲምፓኒ

trombon

ከበሮ

tobă

ኦርጋን

keyboard

ሳክሶፎን

saxofon

ሻምብቆ

fluier

ሚክሮፎን

microfon

መካነ እንስሳታት
grădină zoologică

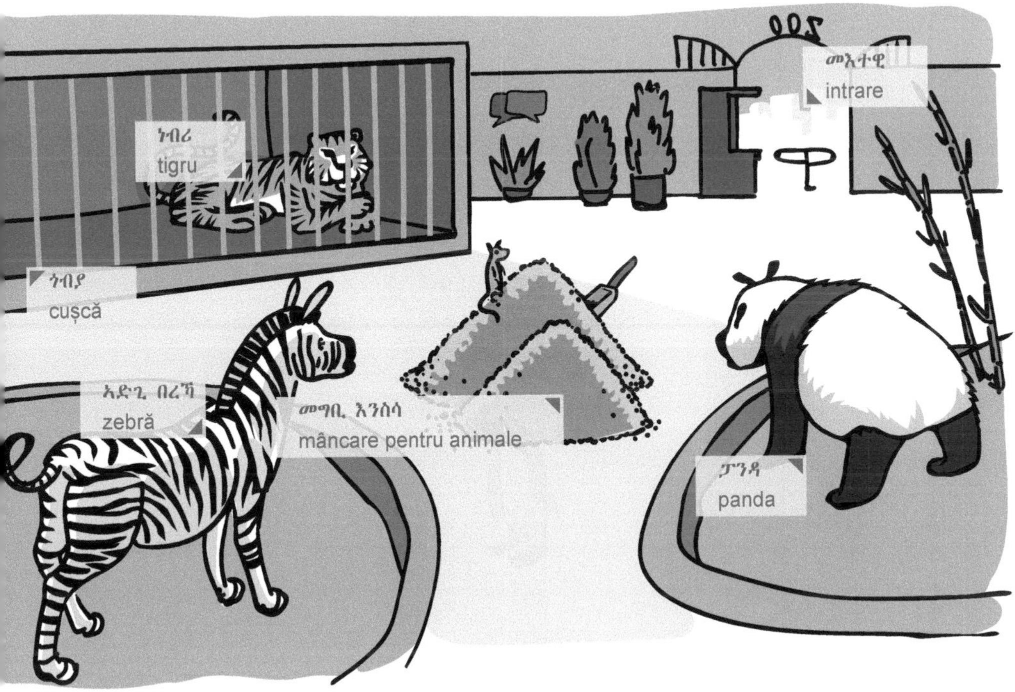

መእተዊ
intrare
ነብሪ
tigru
ጎብያ
cuşcă
ኣድጊ በረኻ
zebră
መግቢ እንስሳ
mâncare pentru animale
ፓንዳ
panda

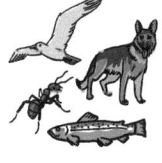

እንስሳታት
....
animale

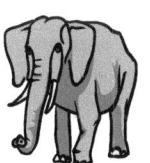

ሓርማዝ
....
elefant

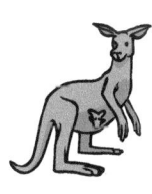

ካንጋሩ
....
cangur

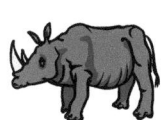

ሓሪሽ
....
rinocer

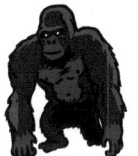

ጉሪላ
....
gorilă

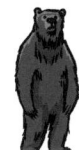

ድቢ
....
urs

ገመል
....
cămilă

ሰገን
....
struț

አንበሳ
....
leu

ህበይ
....
maimuță

ፍላሚንጎ
....
flamingo

ሕንጻይ
....
papagal

ድቢ በረድ
....
urs polar

ፐንጉን
....
pinguin

ክልቢ ዓሳ
....
rechin

ጣውስ
....
păun

ተመን
....
șarpe

ሓርገጽ
....
crocodil

ሓላዊ ቤት ገርድሽ
....
îngrijitor grădina zoologică

ዓሳ ዚምገብ እንስሳ ባሕሪ
....
focă

ጃጓር
....
jaguar

መካነ እንስሳታት - grădină zoologică

ሓጹር ፈረስ
ponei

ነብሪ
leopard

ጉማሬ
hipopotam

ጂራፍ
girafă

ሊላ
acvilă

መፍለስ
porc mistreț

ዓሳ
pește

ጎብየ
broască țestoasă

ዋልሩስ
morsă

ወኻርያ
vulpe

ሰስሓ
gazelă

ናይ ኣሜሪካ ኩዕሶ እግሪ
fotbal american

ምዝዋር ብሽግለታ
ciclism

ተኒስ
tenis

ባስከትባል
basketball

ምሕምባስ
înot

ቦክሲንግ
box

ሆኪ በረድ
hockey pe gheață

ኩዕሶ እግሪ
fotbal

ባድሚንተን
badminton

እስፖርታዊ ንጥፈታት
atletism

ኩዕሶ ኢድ
handbal

ስኪ
schi

ፖሎ
polo

ሰሓቐ
a râde

ነጠረ
a sări

ሓቖፈ
a îmbrățișa

ደረፈ
a cânta

ከደ
a merge

ሓለመ
a visa

ጸለየ
a se ruga

ሰዓመ
a săruta

ጸሓፈ
a scrie

ሰኣለ
a desena

ኣርኣየ
a arăta

ደፍአ
a împinge

ሃበ
a da

ወሰደ
a lua

አለወ
··············
a avea

ገበረ
··············
a face

ኮነ
··············
a fi

ጠጠው በለ
··············
a sta în picioare

ጎየየ
··············
a fugi

ሰሓበ
··············
a trage

ሰንደወ
··············
a arunca

ወደቐ
··············
a cădea

ሓሰወ
··············
a sta întins

ተጸበየ
··············
a aștepta

ሰከም
··············
a purta

ኮፍ በለ
··············
a ședea

ተኸድነ
··············
a se îmbrăca

ደቀሰ
··············
a dormi

ተስአ
··············
a se trezi

ረአየ

a privi

በኸየ

a plânge

ብኣጻብዑ ደረዘ

a mângâia

መሽጠ

a se pieptăna

ተዛረበ

a vorbi

ተረድኣ

a înțelege

ሓተተ

a întreba

ሰምዐ

a asculta

ሰተየ

a bea

በልዐ

a mânca

አቐመጠ

a face ordine

አፍቀረ

a iubi

ከሸነ

a găti

ዘወረ

a conduce

ነፈረ

a zbura

ብመርከብ ገየሽ
....
a naviga

ደመረ
....
a calcula

አንበበ
....
a citi

ተመሃረ
....
a învăța

ሰርሐ
....
a munci

መርዓወ
....
a se căsători

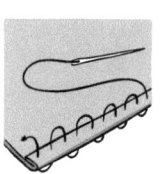

ሰፈየ
....
a coase

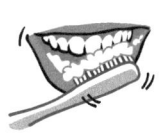

ጽሬት አስናን
....
a se spăla pe dinți

ቀተለ
....
a ucide

ሽጋራ ተከሽ
....
a fuma

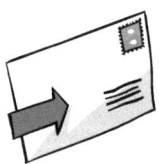

ሰደደ
....
a trimite

ስድራቤት
familie

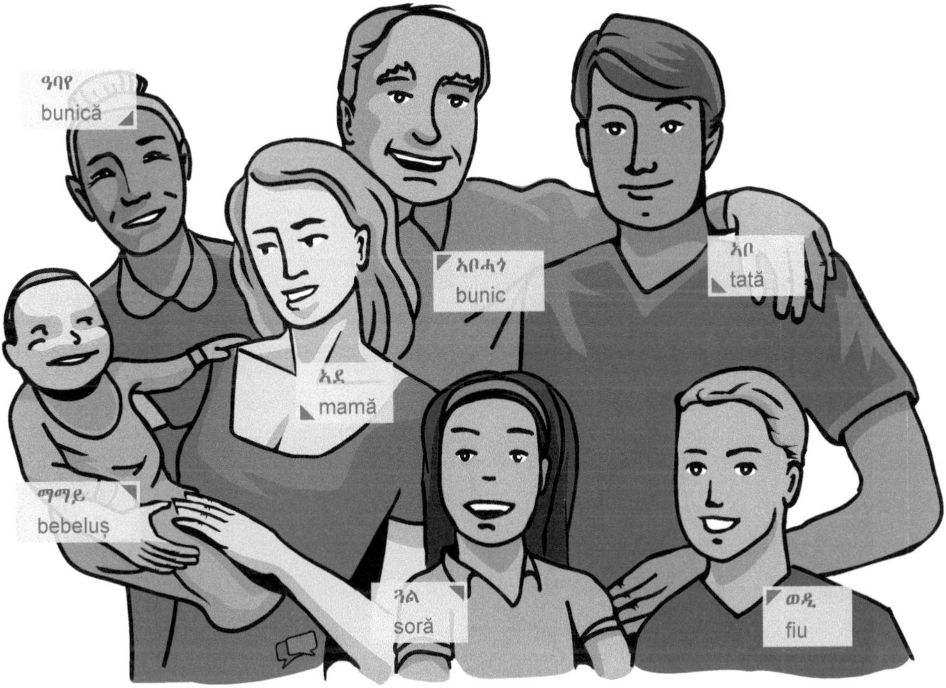
ዓባየ
bunică
ኣቦሓጎ
bunic
ኣቦ
tată
ኣደ
mamă
ማማይ
bebeluș
ጓል
soră
ወዲ
fiu

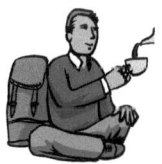

ጋሻ

oaspete

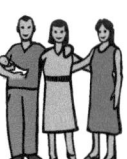

ሓትኖ

mătușă

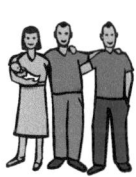

ኣኮ

unchi

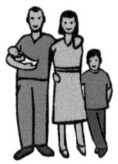

ሓው

frate

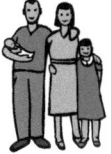

ሓፍቲ

soră

ኣካላት

corp

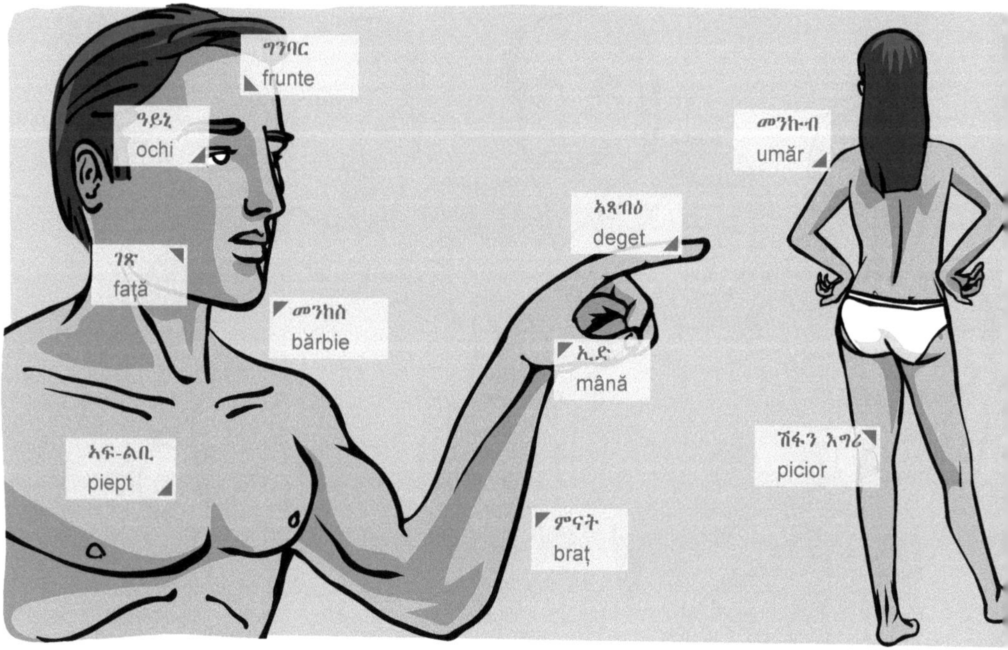

ግንባር
frunte
ዓይኒ
ochi
መንኩብ
umăr
ኣጻብዕ
deget
ገጽ
faţă
መንከስ
bărbie
ኢድ
mână
ኣፍ-ልቢ
piept
ሽፋን እግሪ
picior
ምናት
braţ

ማማይ

bebeluș

ሰብኣይ

bărbat

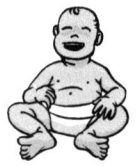

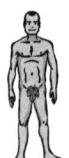

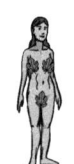

ሰበይቲ

femeie

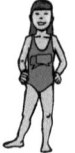

ጓል

fată

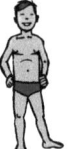

ወዲ

băiat

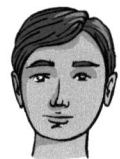

ርእሲ

cap

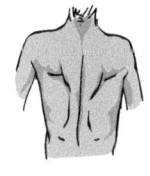

ሕቖ

spate

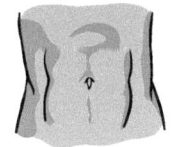

ከስዐ

abdomen

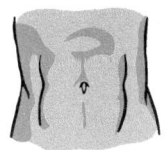

ሕምብርቲ

ombilic

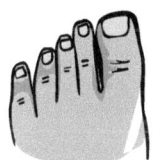

ኣጻብዐ እግሪ

deget de la picior

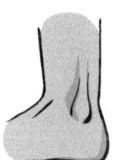

ኩርኹረ

călcâi

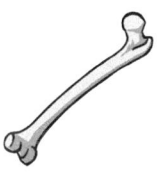

ዓጽሚ

os

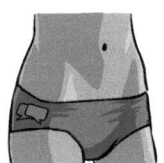

ምሕኩልቲ

șold

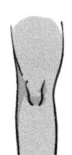

ብርኪ

genunchi

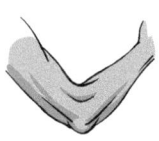

ፍግፍጉ

cot

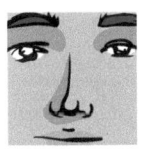

ኣፍንጫ

nas

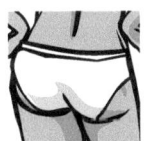

መዓኮር

fund

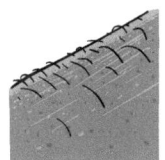

ቆርበት

piele

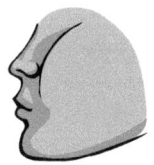

ምዕጉርቲ

obraz

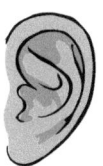

እዝኒ

ureche

ከንፈር

buză

ኣካላት - corp

አፍ
....
gură

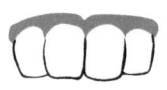

ስኒ
....
dinte

መልሓስ
....
limbă

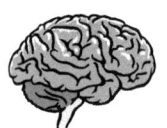

ሓንጎል
....
creier

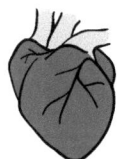

ልቢ
....
inimă

ጭዋዳ
....
mușchi

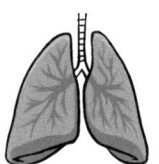

ሳንቡእ
....
plămân

ጸላም ከብዲ
....
ficat

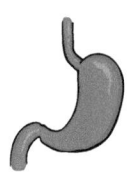

ከብዲ
....
stomac

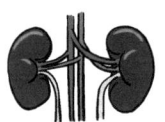

ኮሊት
....
rinichi

ግብረ ስጋ
....
sex

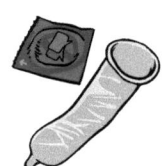

ኮንዶም
....
prezervativ

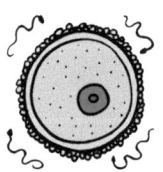

እንቋቍሓ
....
ovul

ዘርኢ ተባዕታይ
....
spermă

ጥንሲ
....
sarcină

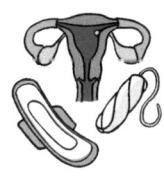

ጽግያት
menstruaţie

ር.ሕ.ሚ
vagin

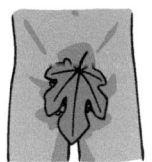

መትሎ
penis

ሸፉ.ሸፉ.ቲ
sprânceană

ጸጉሪ
păr

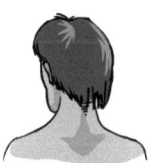

ክሳድ
gât

ሆስፒታል

spital

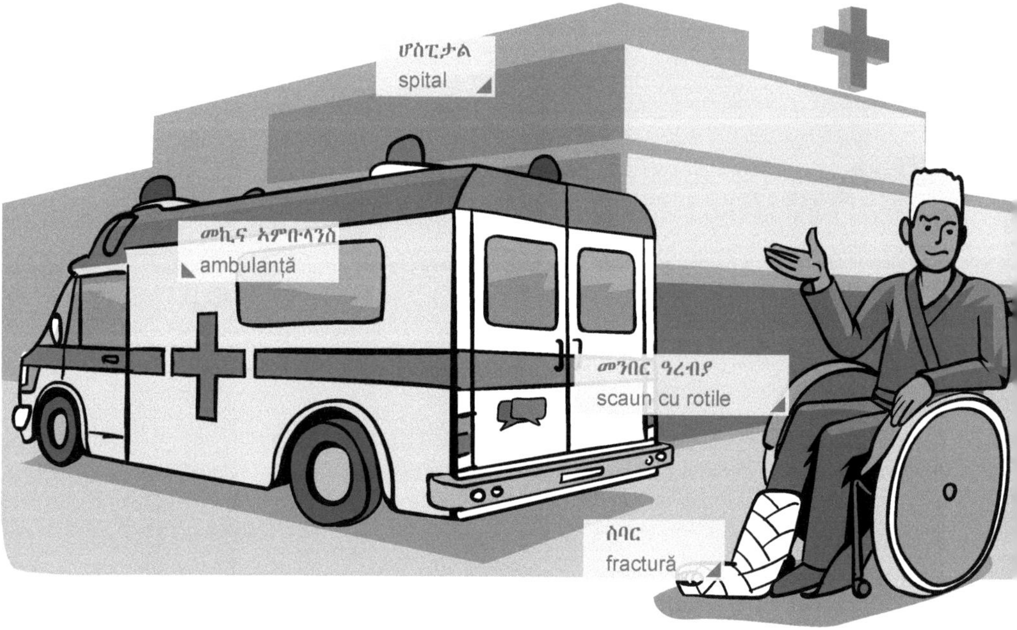

ሆስፒታል
spital
መኪና ኣምቡላንስ
ambulanță
መንበር ዓረብያ
scaun cu rotile
ስባር
fractură

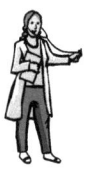

ሓኪም

medic

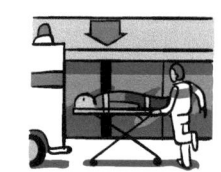

ክፍሊ ህጹጽ ረድኤት

unitate de primiri urgențe

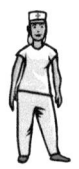

ኣላይት

soră medicală

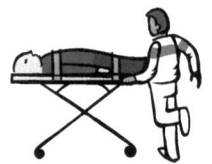

ህጹጽ ኩነት

urgență

ውነኡ ዘጥፍአ

inconștient

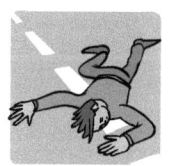

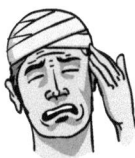

ቃንዛ

durere

ጉድኣት
leziune

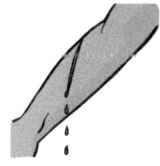

ደም
sângerare

ማህረምቲ
infarct miocardic

ማህረምቲ
atac cerebral

ኣለርጂ
alergie

ሰዓል
tuse

ረስኒ
febră

ኡንፍልወንዛ
gripă

ውጽኣት
diaree

ቃንዛ ርእሲ
durere de cap

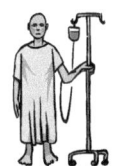

መንሽሮ
cancer

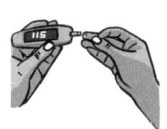

ሹኮርያ
diabet

ሓኪም መጥባሕቲ
chirurg

መጥብሒ
scalpel

መጥባሕቲ
operaţie

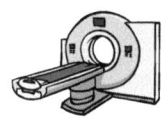

CT
CT

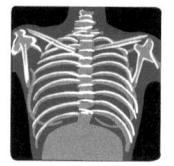

ራጂ
raze Röntgen

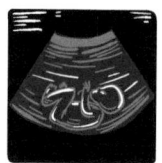

ልዕለ ድምጻዊ
ultrasunet

መሽፈኒ ገጽ
mască

ሕማም
boală

ክፍሊ ምጽባይ
sală de așteptare

ምርኩስ
cârjă

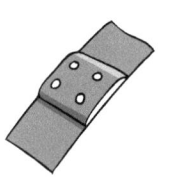

መጅነኒ ቍስሊ
plasture

መጅነኒ
bandaj

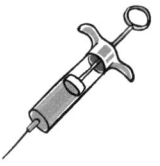

መርፍዕ ምውጋእ
injecție

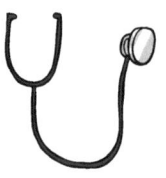

ስተቶስኮፕ
stetoscop

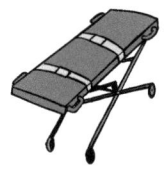

መሰከሚ ሕማም
targă

ቴርሞመተር
termometru

ትውልዲ
naștere

ልዕለ-ሚዛን
supraponderabilitate

ሓገዝ ምስማዕ

aparat auditiv

ኣንጻሂ

dezinfectant

ልበዳ

infecţie

ቫይረስ

virus

ኤድስ

HIV/SIDA

ሕክምና

medicină

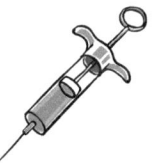

ክታብ

vaccin

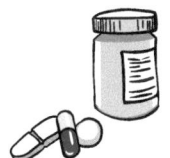

ከኒና

tablete

ከኒና

pastilă

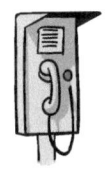

ህጹጽ ምድዋል

apel de urgenţă

መዕቀኒ ጸቕጢ ደም

aparat de măsurare a
presiunii arteriale

ሕሙም / ጥዑይ

bolnav/sănătos

ሓገዝ

Ajutor!

ኣላርም

alarmă

ምህጃም

agresiune

መጥቃዕቲ

atac

ድንገት

pericol

ህጹጽ መውጽኢ

ieșire de urgență

ሓዊ!

Foc!

መጥፍኢ ሓዊ

extinctor

ሓደጋ

accident

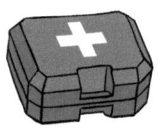

ሳንጣ ቀዳማይ ረድኤት

trusă de prim-ajutor

SOS

SOS

ፖሊስ

poliție

ኤውሮጳ

Europa

ሰሜን አመሪካ

America de Nord

ደቡብ አመሪካ

America de Sud

አፍሪቃ

Africa

ኤስያ

Asia

አውስትራልያ

Australia

አትላንቲክ

Altantic

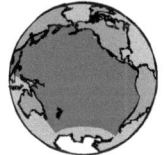

ፓሲፊክ

Pacific

ህንዳዊ ዉቕያኖስ

Oceanul Indian

አንታርቲካዊ ዉቕያኖስ

Oceanul Antarctic

አርክቲካዊ ዉቕያኖስ

Oceanul Arctic

ሰሜናዊ ዋልታ

Polul Nord

ደቡባዊ ዋልታ
....
Polul Sud

አንታርቲካ
....
Antarctica

ምድሪ
....
pământ

መሬት
....
țară

ባሕሪ
....
mare

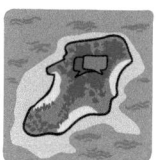

ደሴት
....
insulă

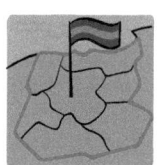

ሃገር
....
națiune

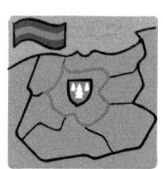

ዓዲ
....
stat

ምድሪ - pământ

ገጽ ሰዓት

cadran

ኣመልካቲ ሰዓታት

orar

ኣመልካቲ ደቒይቕ

minutar

ኣመልካቲ ካልኢት

secundar

ሰዓት ክንደይ ኣሎ?

Cât e ceasul?

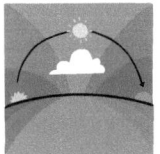

መዓልቲ

zi

ግዜ

timp

ሕጂ

acum

ዲጊታል ሰዓት

cead digital

ደቒቕ

minut

ሰዓት

oră

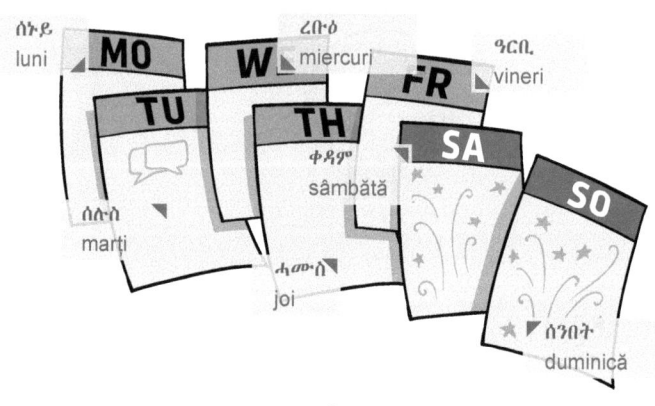

ሰኑይ luni
MO

ረቡዕ miercuri
W

ዓርቢ vineri
FR

TU

TH
ቀዳም
sâmbătă
SA

ሰሉስ
marţi

SO

ሓሙስ
joi

ሰንበት
duminică

ትማሊ.
....
ieri

ሎሚ.
....
azi

ጽባሕ
....
mâine

ንጎሆ
....
dimineaţă

ቀትሪ
....
amiază

ምሸት
....
seară

MO	TU	WE	TH	FR	SA	SU
1	2	3	4	5	6	7
8	9	10	11	12	13	14
15	16	17	18	19	20	21
22	23	24	25	26	27	28
29	30	31	1	2	3	4

መዓልታት ስራሕ
....
zile lucrătoare

MO	TU	WE	TH	FR	SA	SU
1	2	3	4	5	6	7
8	9	10	11	12	13	14
15	16	17	18	19	20	21
22	23	24	25	26	27	28
29	30	31	1	2	3	4

መወዳእታ ሰሙን
....
week-end

ዓመት

an

ዝናብ
ploaie
ቀስተ-ደመና
curcubeu
ንፋስ
vânt
በረድ
zăpadă
ጽድያ
primăvară
ሓጋይ
vară
ቀውዒ
toamnă
ክረምቲ
iarnă

4.APRIL 11°
5.APRIL 4°
6.APRIL 13°
7.APRIL 8°
8.APRIL 10°

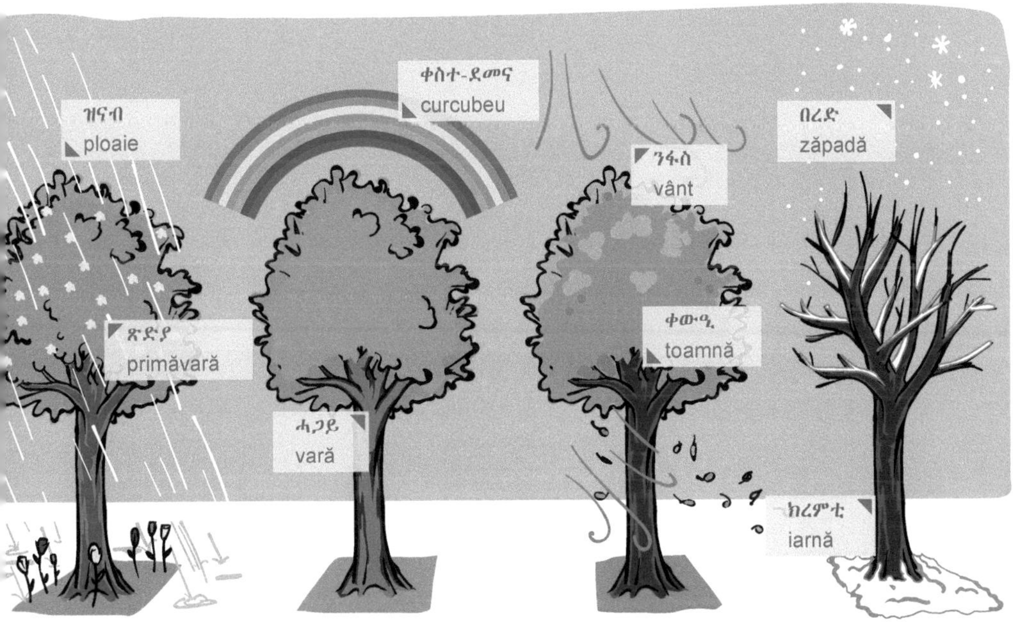

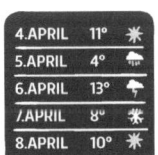

ትንቢት ኩነታት ኣየር

prognoză meteo

F
C

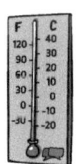

ቴርሞመተር

termometru

ብርሃን ጸሓይ

lumina soarelui

ደበና

nor

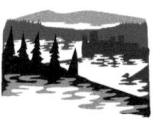

ግመ

ceață

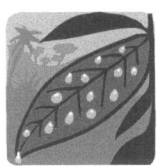

ጠሊ

umiditate a aerului

ብርቂ
....
fulger

ነጎዳ
....
tunet

ህቦብላ
....
furtună

በረድ
....
grindină

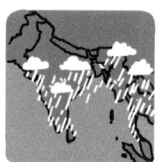

ብርቱዕ ህቦብላ
....
muson

ውሕጅ
....
inundație

በረድ
....
gheață

ጥሪ
....
ianuarie

ለካቲት
....
februarie

መጋቢት
....
martie

ሚያዝያ
....
aprilie

ጉንበት
....
mai

ሰነ
....
iunie

ሓምለ
....
iulie

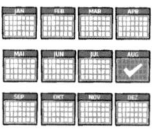

ነሓሰ
....
august

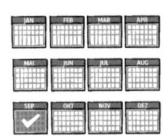

መስከረም
....
septembrie

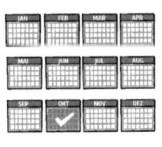

ጥቅምቲ
....
octombrie

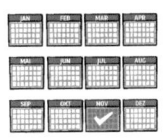

ሕዳር
....
noiembrie

ታሕሳስ
....
decembrie

ቅርጽታት
forme

ዙርያ
....
cerc

ትርብዒት
....
pătrat

ቅኑዕ ርቡዕ ኲርናዕ
....
dreptunghi

ስሉስ ኲርናዕ
....
triunghi

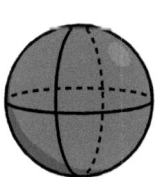

ክቢ
....
sferă

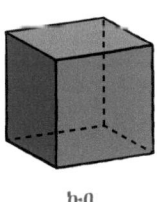

ኩቦ
....
cub

ጸዐዳ
....
alb

ብጫዔ
....
galben

ኣራንሺ.
....
portocaliu

ፒንክ
....
roz

ቀይሕ
....
roșu

ጀኸ
....
violet

ሰማያዊ
....
albastru

ቀጠልያ
....
verde

ቡናዊ
....
maro

ሓሙኽሽታይ
....
gri

ጸሊም
....
negru

ብዙሕ / ውሑድ

mult/puţin

ሕሩቕ / ሰላማዊ

furios/calm

ጽቡቕ / ክፉእ

frumos/urât

መጀመርያ / መወዳእታ

început/sfârşit

ዓቢ / ንእሽቶ

mare/mic

ብሩህ / ጸልማት

luminos/întunecat

ሓው / ሓፍት

frate/soră

ጽሩይ / ርሳሕ

curat/murdar

ምሉእ / ዘይምሉእ

complet/incomplet

መዓልቲ / ለይቲ

zi/noapte

ሙዉት / ህልው

mort/viu

ሰፊሕ / ጸቢብ

lat/strâmt

ደስ ዘበል / ደስ ዘይብል
comestibil/necomestibil

እኹይ / ህያዋይ
rău/prietenos

ርቡጽ / ስልኩይ
emoționat/plictisit

ረጊድ / ቀጢን
gras/slab

ቀዳማይ / ናይ መወዳእታ
primul/ultimul

ዓርኪ / ጸላኢ
prieten/inamic

ምሉእ / ባዶ
plin/gol

ተሪር / ልስሉስ
tare/moale

ከቢድ / ፈኩስ
greu/ușor

ጥምየት / ጽምየት
foame/sete

ሕሙም / ጥዑይ
bolnav/sănătos

ዘይሕጋዊ / ሕጋዊ
ilegal/legal

መስተውዓሊ / ስዲ
inteligent/stupid

ጸጋም / የማን
stânga/drepta

ቐረባ / ርሑቕ
aproape/departe

ሓዲሽ / ብሉይ
....
nou/uzat

ዋላ ሓደ / ገለ
....
nimic/ceva

ዓቢ./ኣረጊት / መንእሰይ
....
bătrân/tânăr

ወልዕ / ኣጥፍእ
....
pornit/oprit

ክፉት / ዕጹው
....
deschis/închis

ህዱእ / ዓው
....
încet/tare

ሃብታም / ድኻ
....
bogat/sărac

ቅኑዕ / ግጉይ
....
corect/fals

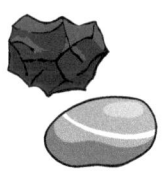

ሓርፋፍ / ልሙጽ
....
aspru/neted

ጉሁይ / ሕጉስ
....
trist/fericit

ሓጺር / ነዊሕ
....
lung/scurt

ቀስ / ቅልጡፍ
....
încet/repede

ጥሉል / ንቚጽ
....
ud/uscat

ምዉቕ / ዝሑል
....
cald/rece

ውግእ / ሰላም
....
război/pace

0	1	2
ዜሮ	ሓደ	ክልተ
zero	unu	doi

3	4	5
ሰለስተ	ኣርባዕተ	ሓሙሽተ
trei	patru	cinci

6	7	8
ሽዱሽተ	ሽውዓተ	ሽሞንተ
șase	șapte	opt

9	10	11
ትሽዓተ	ዓሰርተ	ዓሰርተ ሓደ
nouă	zece	unsprezece

12

ዓሰርተ ክልተ

douăsprezece

13

ዓሰርተ ሰለስተ

treisprezece

14

ዓሰርተ አርባዕተ

paisprezece

15

ዓሰርተ ሓሙሽተ

cincisprezece

16

ዓሰርተ ሽዱሽተ

şaisprezece

17

ዓሰርተ ሽውዓተ

şaptesprezece

18

ዓሰርተ ሸሞንተ

optsprezece

19

ዓሰርተ ትሽዓተ

nouăsprezece

20

ዕስራ

douăzeci

100

ሚእቲ

o sută

1.000

ሽሕ

o mie

1.000.000

ሚልዮን

un milion

እንግሊዝኛ

engleză

አሜሪካዊ እንግሊዛዊ

engleză americană

ቻይናዊ ማንዳሪን

chineza mandarină

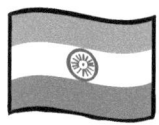

ሂንዳዊ

hindi

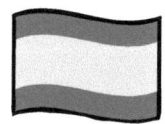

እስጳኛዊ

spaniolă

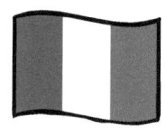

ፈረንሳዊ

franceză

ዓረባዊ

arabă

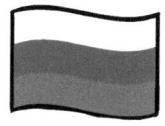

ሩሲያዊ

rusă

ፖርቱጋላዊ

protugheză

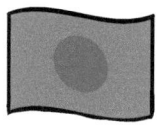

በንጋሊ

bengaleză

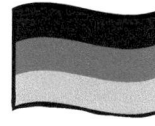

ጀርመናዊ

germană

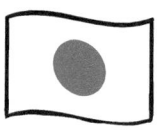

ጃፓናዊ

japoneză

አነ
....
eu

ንስኻ/ኺ
....
tu

ንሱ / ንሳ / ንሱ
....
el/ea

ንሕና
....
noi

ንስኻ
....
voi

ንሳቶም
....
ea

መን?
....
cine?

እንታይ?
....
ce?

ከመይ?
....
cum?

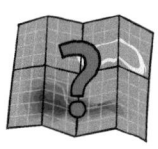

ኣበይ?
....
unde?

መዓስ?
....
când?

ሽም
....
nume

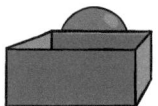

ድሕሪ

în spate

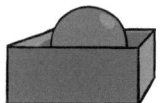

አብ

în

አብ ቅድሚ

înainte

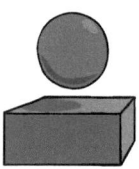

አብ ላዕሊ

peste

አብ ልዕሊ

pe

ትሕቲ ምድሪ

sub

አብ ጥቓ

lângă

አብ መንጎ

între

ቦታ

loc